EGO y SUPRACONCIENCIA
Buscando el sentido de la vida

Dr. Manuel Sans Segarra

Juan Carlos Cebrián Barrientos

Josep Maria Clopés Alonso

EGO y SUPRACONCIENCIA

Buscando el sentido de la vida

Planeta

Obra editada en colaboración con Editorial Planeta – España

Bajo el sello editorial PLANETA M.R.
Avenida Presidente Masaryk núm. 111,
Piso 2, Polanco V Sección, Miguel Hidalgo
C.P. 11560, Ciudad de México
www.planetadelibros.com.mx

Primera edición impresa en España: septiembre de 2025
ISBN: 978-84-08-30740-2

Primera edición impresa en México: noviembre de 2025
Primera reimpresión en México: mayo de 2026
ISBN: 978-607-39-3594-4

Impreso en los talleres de Diversidad Gráfica S.A. de C.V
Privada de Av. 11 No. 1 Col. El Vergel, Iztapalapa,
C.P 09890, Ciudad de México.
Impreso en México – *Printed in Mexico*

Índice

Prólogo
¿Vida después de la vida?

El físico teórico británico Stephen Hawking (1942-2018) afirmó una vez: «No hay cielo ni vida después de la muerte para los ordenadores que se estropean» (Hawking, 2010). Consideraba que el cerebro es como un ordenador que se apaga cuando sus componentes fallan. Sin embargo, aunque parece que ningún estudio científico ha conseguido encontrar pruebas concluyentes sobre la vida después de la muerte, la comprensión del concepto de «cuántico» no material, aún en evolución, podría reabrir esta cuestión. Este libro del doctor Manuel Sans Segarra y sus colaboradores, *Ego y Supraconciencia: buscando el sentido de la vida* (2025), que da continuidad a su obra anterior *La Supraconciencia existe: vida después de la vida* (2024), aborda profundamente este tema. Se basa en su experiencia profesional con pacientes con experiencias cercanas a la muerte (ECM) y en la evolución de los conceptos sobre la conciencia humana y la energía cuántica.

Comenzaré compartiendo dos experiencias personales recientes. La primera fue el 16 de enero de 2024, cuando me sometí a un reemplazo de la válvula aórtica cardiaca mediante una operación llamada TAVR, desarrollada por el cirujano francés Alain Cribier, un buen amigo mío. Le prometí que lo llamaría después de la operación. Resulta que, unos meses antes, el doctor Cribier había sufrido una parada cardiaca transitoria, de la que fue reanimado, aunque estuvo inconsciente durante un largo período. A mí y a mi esposa nos describió una ECM clásica, tal como se suele relatar en la literatura, cuando una persona queda transitoriamente inconsciente: «Era tan feliz..., no tenía noción del tiempo ni del espacio, estaba rodeado de un entorno de colores intensos y me relacionaba con varios miembros de mi familia y amigos ya fallecidos». Tal como sugieren después Manuel Sans Segarra y sus colaboradores, este podría ser un estado de Supraconciencia relacionado con la energía cuántica. Lamentablemente, el doctor Cribier falleció pocos días después de mi operación, la misma que él diseñó. No pude continuar mis conversaciones sobre la Supraconciencia y la energía cuántica con un hombre tan brillante.

La segunda experiencia personal reciente fue con un amigo al que no veía desde hacía tiempo. Decidí llamarlo para saber cómo estaba. La línea estaba ocupada. Coincidentemente, en ese mismo momento, él me estaba llamando también por la misma razón. Ambos pensábamos el uno en el otro tras un largo período de silencio. Creo haber vivido momentos similares de pensamiento cruzado, y otros de telepatía, transmisión de pensamientos a distancia sin contacto físico. Existen otras experiencias extracorpóreas sin explicación aparente desde los métodos científicos, como la clarividencia o la percepción extrasensorial de sucesos en tiempo real, o la precognición, que es la capacidad de percibir acontecimientos futuros antes de que ocurran. Experiencias como estas y otras son el punto de partida para que el doctor Manuel Sans Segarra y sus colaboradores desarrollen tres preguntas fascinantes:

1) ¿Cuál es la diferencia entre el ego humano y la conciencia humana?
2) ¿Existe alguna relación entre la conciencia humana y la energía cuántica?
3) ¿Puede haber alguna conexión entre la Supraconciencia y la energía cuántica, con las ECM y una posible vida después de la vida?

1. «Ego» humano y «conciencia» humana

En primer lugar, el concepto de «conciencia» humana se presenta en claro contraste con nuestro «ego». El ego, en su origen, estructura, características y dinámica, está orientado hacia la realidad externa. El ego no es lo que verdaderamente somos. Es nuestra autoimagen social o nuestro rol en la sociedad, que busca aprobación, necesita controlar, se limita al presente, con objetivos materiales externos como el éxito, el fracaso o la riqueza, y, sobre todo, teme a la muerte, porque el ego desaparece con la muerte física.

En cambio, la conciencia es el estado de estar consciente de uno mismo, del entorno y de las sensaciones corporales y los pensamientos. No se trata solo de estar despierto, sino que implica cualquier forma de cognición, experiencias, sentimientos, percepciones, memoria a corto plazo, atención dirigida y capacidad de interpretar datos ambiguos. Su naturaleza ha generado múltiples análisis, explicaciones y debates entre filósofos, teólogos y, más recientemente, neurocientíficos.

Según una teoría publicada en la revista *Nature* y desarrollada por el neurocientífico francés Stanislas Dehaene (1965), experimentamos el mundo conscientemente cuando regiones clave del cerebro frontal transmiten la información sensorial al resto del cerebro: es la llamada teoría del espacio global neuronal. Por otro lado, una teoría más compleja del neurocientífico y psiquiatra estadounidense Giulio Tononi (1960) concluye que la conciencia implica procesar mucha información en numerosos compartimentos cerebrales que se transmiten entre sí, generando una experiencia integral. Tal como se presenta en este libro, ambas teorías —la de Dehaene y la de Tononi— podrían representar distintos grados de conciencia, alcanzables mediante diferentes intensidades de meditación. No obstante, las diferencias entre ego y conciencia —bien descritas por el doctor Manuel Sans Segarra y sus colaboradores— conducen a la segunda pregunta.

2. Conciencia humana y energía cuántica

¿Existe alguna relación entre la conciencia humana y la energía cuántica? Primero definamos qué es la energía cuántica. En 1900, el físico alemán Max Planck (1858-1947) introdujo la idea de «cuantos» (o partículas subatómicas) como el elemento estructurador del universo, basado en la energía y no en la materia física. Esta energía cuántica no se crea ni se destruye y está formada por átomos no visibles en forma de campos eléctricos y magnéticos que se propagan a una velocidad de unos 299 792 km/s. El efecto túnel es una propiedad cuántica de estas partículas subatómicas, capaces de atravesar cualquier barrera, a diferencia de las partículas clásicas que, por ejemplo, no pueden atravesar una pared.

Ejemplos sugerentes de energía cuántica podrían ser los siguientes: cada año, a principios de mayo, desde la ventana de mi casa observo miles de aves cruzando el Central Park (Nueva York): se trata de un fenómeno migratorio de aves que atraviesan continentes, posiblemente guiadas por «información cuántica» que estimula sus ojos. Otro ejemplo son las experiencias telepáticas como la que mencioné al principio, también sugeridas como fenómenos de transmisión cuántica, y otros más relacionados con la luz, tal como los describió Albert Einstein (1879-1955).

Gracias a estos conceptos, Max Planck recibió el Premio Nobel en 1918. Más adelante, el físico húngaro-estadounidense Eugene Wigner (1902-1995), también nobel en 1963, afirmó que la física cuántica y la conciencia estaban interrelacionadas. No obstante, la conciencia —con sus emociones, sentimientos, memorias, etcétera— es una energía de alta frecuencia, pero material, no cuántica. La conciencia puede medirse mediante cinco tipos de ondas cerebrales direccionales visibles en el encefalograma, mientras que la energía cuántica no, ya que no es material.

¿Podrían entonces estar relacionadas la conciencia y la energía cuántica? Según la explicación del neurocientífico británico Zamzuri Idris —aceptada recientemente por algunos neurocientíficos y físicos—, la conciencia existe en el cerebro humano en dos formas distintas:

1) Como ondas cerebrales direccionales (química, metabólica, radiante, etcétera), conocida como conciencia local.
2) Como una forma no material denominada cuántico difuso, definida por algunos como Supraconciencia, que podría estar interconectada con un universo cuántico.

Para acceder al primer tipo, la «conciencia local», la meditación ha sido considerada el vehículo más eficaz, en sus distintas modalidades según las culturas y tradiciones. En el libro del doctor Manuel Sans Segarra y sus colaboradores se describen los siguientes tipos de meditación:

1) **Meditación de atención focalizada:** activa predominantemente ondas gamma y beneficia la conciencia de la atención.
2) **Meditación con mantra o repetición sonora:** activa ondas alfa y mejora la relajación y la reducción del estrés.
3) **Meditación de observación abierta:** activa ondas theta y mejora la conciencia corporal.
4) **Meditación sobre compasión y amor:** activa la interacción temporo-parietal y mejora las relaciones interpersonales y la empatía.
5) **Meditación avanzada:** inspirada en la tradición del Rāja yoga, integra mantras y otros elementos. Promueve el máximo nivel de autoconciencia y crecimiento espiritual, desconectando la mente completamente de lo externo. Se asocia al predominio de ondas alfa y a la disminución de ondas beta y gamma.

Según los datos presentados por el doctor Manuel Sans Segarra y su equipo con 650 practicantes de meditación avanzada, las ondas cerebrales aparecen unificadas y sincronizadas entre los hemisferios cerebrales, lo cual podría validar la teoría de Tononi sobre una conciencia local bien integrada. En cambio, los otros cuatro tipos de meditación parecen corresponder más a la teoría de Dehaene, centrada en el lóbulo frontal como centro de difusión.

Pero si la meditación puede potenciar distintos tipos de conciencia local sin relación directa con la energía cuántica..., ¿qué ocurre con la llamada Supraconciencia? Esto nos lleva a la tercera pregunta.

3. ¿Existe alguna relación entre la Supraconciencia y la energía cuántica, con las ECM y una vida después de la vida?

Empecemos por la Supraconciencia, nuestra identidad auténtica más elevada, la que realmente nos define, la más importante. En contraste con la conciencia ordinaria, la Supraconciencia se considera la identidad total y genuina de cada ser humano. Aunque está libre del tiempo y el espacio, algunos sostienen que sigue teniendo su base en el cerebro, como una forma de cuántico difuso, tal como he mencionado anteriormente.

Lo más relevante es que esta forma de cuántico difuso ha sido propuesta recientemente como explicación de las experiencias cercanas a la muerte (ECM). De hecho, hay una serie de fenómenos asociados a las ECM que no pueden explicarse científicamente, pero que presentan características propias de la energía cuántica, como la independencia del tiempo y del espacio, la capacidad de atravesar estructuras sólidas, la memoria y los encuentros atemporales, entre otros. Por lo tanto, es razonable especular que las ECM puedan estar relacionadas con lo que se ha descrito como Supraconciencia o «cuántico cerebral difuso». Este fenómeno, como expresión cuántica, podría ser un puente hacia el estado real de muerte, formando parte del llamado «universo cuántico».

En cambio, desde la metodología científica, se ha propuesto que las ECM podrían deberse únicamente a una descarga de sustancias químicas cerebrales y neurotransmisores. Esta hipótesis fue publicada en marzo de 2025 por siete investigadores en la revista *Nature Reviews Neurology*. Sin embargo, esta explicación puede ser cuestionada, ya que resulta extremadamente difícil estudiar de manera científica a estos pacientes en contextos de lesiones o enfermedades catastróficas.

Por otro lado, está surgiendo una nueva comprensión sobre la energía cuántica que, como se presenta en este libro, no puede descartarse como parte clave en las ECM. El doctor Jeffrey Long (1954), fundador de la Near Death Experience Foundation, ha recopilado más de 4 000 testimonios similares al de Alain Cribier, la mayoría de los cuales coinciden en que la ECM fue una experiencia de energía, paz y ausencia de tiempo. El doctor Long afirma claramente que la ciencia es incapaz de dar cuenta de lo precisos que son los recuerdos de lo que los pacientes dicen haber visto y oído externamente al cerebro (Long, 2010).

No existe consenso sobre qué causa las ECM. Seamos humildes científicamente y mantengamos la mente abierta. Una mejor comprensión de la energía cuántica podría ayudarnos a encontrar respuestas y a respaldar la visión de algunos neurocientíficos, físicos y médicos, tal como afirman el doctor Manuel Sans Segarra y sus colaboradores: **«La muerte no existe; no es un**

proceso biológico, sino espiritual. La vida debe entenderse como una continuación hacia la vida después de la vida».

Y, como dijeron los padres de la física cuántica —Max Planck, Albert Einstein, Eugene Wigner—, **cuando buscamos principios fundamentales, siempre nos encontramos con un vacío que nos obliga a aceptar que existe algo más, una inteligencia superior** (Wilber, 2017).

Y yo añadiría: tal vez esta sea la cuestión más importante de toda nuestra existencia.

Dr. Valentín Fuster

Prefacio

El libro que escribí sobre la conciencia, *La Supraconciencia existe: vida después de la vida*, está motivando una respuesta social importante. Estoy recibiendo numerosos comentarios y preguntas relacionados con la conciencia que me han hecho reflexionar profundamente, reflexiones que he recogido en un segundo libro, *Ego y Supraconciencia: buscando el sentido de la vida.*

El libro se fundamenta en el mismo contenido conceptual, pero con una visión más amplia.

El estudio del ego, con su origen, estructura, características y dinámica, nos orienta hacia una clara diferencia con nuestra realidad existencial, la Supraconciencia.

Sin embargo, el ego es fundamental en nuestra andadura vital, puesto que nos proporciona la energía y la voluntad para obtener nuestros objetivos, pero siempre debe estar controlado por la Supraconciencia, algo que no siempre es fácil, por las potentes armas de que dispone el ego para evitarlo.

El estudio de los objetivos que persigue todo ser humano, la salud, la felicidad y la libertad, pone en evidencia que son consecuencia de la dinámica mental, somos lo que pensamos, y dependen del carácter del individuo.

Es importante diferenciar, en el proceso de estructuración caracterológico, educar —que persigue el desarrollo de la autoestima del niño— de formar, que pretende proporcionar una serie de aptitudes y herramientas para poder desempeñar una función determinada en la sociedad, sin tener en consideración los valores intrínsecos del ser humano, que hay que valorarlo como cuerpo, mente y espíritu.

Estos tres objetivos están interconectados, de manera que la modificación de uno de ellos influye en los otros.

El completo desarrollo de la salud, la felicidad y la libertad solo es posible con una dinámica vital fundamentada en la Supraconciencia. Con el ego tan solo se consiguen momentos efímeros de placer, generalmente seguidos de sufrimiento, una falsa libertad y un deterioro de la salud.

El estudio en profundidad de la Supraconciencia, nuestra auténtica realidad existencial, que nos hace únicos e irrepetibles y persiste después de la muerte física, se realiza a partir de mi experiencia profesional en las experiencias cercanas a la muerte (ECM).

Se valoran los fenómenos objetivos certificados y los fenómenos trascendentes, algunos de ellos no objetivables con el método científico cartesiano y newtoniano.

El estudio de la física teórica valorando sus leyes y principios, que evidencian la energía como el elemento estructural básico del universo, nos permite aproximarnos hacia la comprensión de las vivencias de las ECM. Algunos autores han propuesto analogías entre ciertos conceptos de física cuántica y las experiencias cercanas a la muerte. Sin embargo, no hay aún evidencia experimental. No cabe duda de que todavía nos falta para su total comprensión.

Las objeciones que se habían presentado a poder aplicar la mecánica cuántica en biología quedan claramente superadas en la actualidad con procesos como la fotosíntesis, la ferritina, el olfato, las mutaciones del ADN, la transmisión del impulso nervioso en las sinapsis neuronales y los movimientos migratorios de las aves.

Queda demostrado que las ECM presentan patrones comunes distintivos que las diferencian de las alucinaciones. Sus mecanismos desencadenantes, su clínica y su evolución son claramente diferentes.

La Supraconciencia es holística respecto a la conciencia o inteligencia primera, y tiene por tanto sus propiedades: la omnipresencia, la omnisciencia y la omnipotencia, manifestadas en la intuición, la creatividad y su persistencia después de la muerte física.

El capítulo sobre otras modalidades de fenómenos trascendentes tiene como finalidad ofrecer una descripción completa, pero se estructura sobre una revisión bibliográfica, puesto que solo tengo experiencia en los fenómenos trascendentes alrededor de la muerte, adquirida en la atención de los pacientes terminales y vivenciados a lo largo de mi vida profesional.

Comento las posibilidades y modalidades de contactar con la Supraconciencia, cómo descubrirla de manera que sea la que oriente y dirija nuestra vida al controlar el ego.

He considerado de gran interés desarrollar un capítulo sobre la meditación. No cabe duda de que la meditación, junto a la oración devota centrada en un solo pensamiento, es el método más eficiente para contactar con la Supraconciencia de manera consciente. La meditación originada en países orientales tiene cada vez más predicamento en Occidente.

Finalizo el libro con unas conclusiones en las que se pone especial énfasis en la muerte, considerándola como un tránsito a otra dimensión energética y no el fin de nuestra existencia, conclusión que debe hacernos perder el miedo al momento final de nuestra vida.

Dr. Manuel Sans Segarra

1

El ego, nuestro «no yo»

El concepto de «yo» tiene una etimología latina clásica, *ego*. La Real Academia Española define el «yo» como la realidad personal y expresa a todo sujeto humano en su calidad de persona.

Se ha definido también como la conciencia correspondiente a la identidad de la conciencia local o neuronal.

La pregunta sobre el ego ha sido y sigue siendo fundamental en la humanidad, tanto en el campo de la ciencia como en el religioso y espiritual. El ego es el individuo consciente de su propia identidad y de su relación con el medio.

También se ha identificado con la conciencia como un epifenómeno de la materia, el cerebro.

Es la expresión de nuestra individualidad y se refiere a todos los contenidos de la conciencia que podemos definir como el conocimiento de nuestra existencia, de nuestras reflexiones y de nuestros actos. Nos hace saber en todo momento quién soy, qué pienso, qué hago y en qué entorno me muevo. Permite al individuo reconocerse a sí mismo, siendo consciente de su propia identidad.

Sin embargo, condiciona una identidad falsa. Nos proporciona un mundo de ilusión, no el mundo real. La construcción mental de nuestro «yo» es artificial. El ego es una identidad de nuestra propia construcción y, por tanto, carece de realidad más allá del presente.

El ego se estructura por nuestras características externas, nos define por lo que aparentamos: nacionalidad, creencias religiosas, aficiones, profesión, físico, etcétera.

Desempeña un papel fundamental en la creación de un inmenso drama emocional en nuestras vidas. La imagen que nos formamos de nosotros mismos durante la infancia, si es negativa, inexacta o demasiado positiva, generará problemas.

Autores como el médico y escritor indio Deepak Chopra (1946) o el poeta y ensayista Alejandro Jodorowsky (1929) coinciden en que el ego tiene que ver con nuestro rol en sociedad, con la máscara que nos ponemos para interactuar con los demás y conseguir su aprobación. Cuando el miedo al rechazo nos domina, perdemos el control sobre el ego y nos convertimos en esclavos de él (Chopra, 1994; Jodorowsky, 2004).

En nuestra dimensión humana, no es posible eliminar el ego; hay que controlarlo, domarlo, para que aflore nuestra auténtica identidad, la Supraconciencia. Para poder controlar el ego, previamente es necesario ser consciente de él. La imaginación es importante, pues nos permite ver el cambio que queremos conseguir. Lo que nos imaginamos, termina por hacerse realidad. La atención también es importante como expresión de nuestra fuerza interior.

Todo lo que experimentamos en nuestra vida viene determinado por nuestras convicciones. Crean nuestra realidad. Las convicciones son el medio para materializar nuestros deseos. Hay que tener un control de nuestras convicciones con una activa fuerza de voluntad para alcanzar una vida feliz.

Características del ego

- Nos mantiene aislados y críticos.
- El ego puede ser ofensivo y también defensivo.
- Nunca está satisfecho, siempre pide más. Es insaciable.
- Creemos que somos el ego, nos identificamos con el nombre, el pasado, con los valores y con los deseos.
- Necesita del pensamiento para existir. Sin la acción de pensar, el ego no existe.
- El ego emplea cualquier mecanismo para permanecer vivo y activo.
- Vive en un tiempo limitado. Cree que la muerte es el fin, pues necesita el cuerpo material.
- El ego vive en el pasado, que despierta sentimientos de culpabilidad por algo que se ha hecho o se ha dejado de hacer.
- Crea dualidad, separación entre observador y objeto. Nunca se puede ser auténticamente feliz si existe dualidad. Las auténticas felicidad y libertad están detrás del dualismo. Realmente, el dualismo es una ilusión.
- El ego evita que aceptemos el «es». La vida es como es, y hay que aceptarla como viene. Hay que aceptar toda situación que se nos presente, con una actitud positiva, va-

lorándola como una enseñanza para nuestra evolución, pero nunca con sumisión. La vida tiene un ritmo y no podemos ir en contra. Hay que dejar que todo fluya.

- Cada persona tiene su ego específico.
- Las relaciones que surgen del ego llevan consigo un afán de superar al otro que hace que perdamos toda consideración por él. En lugar de alcanzar un entendimiento mutuo, tendemos a discutir y a culpar a la otra persona de lo que nos aqueja, y somos incapaces de responsabilizarnos de nuestros propios fracasos.
- Las heridas que sufrimos y que nos agobian son expresión del ego.
- El ego no puede convivir con estados de bienaventuranza, sino de desgracia y tristeza.
- Para detectar el ego, hay que mirar el rastro emocional que produce: ira, necesidad de tener razón, inseguridad, envidia y necesidad de impresionar.
- El ego genera reacciones emocionales intensas y después nos culpa por cómo hemos reaccionado. Tiende a culpabilizarse a sí mismo. Hace una crítica propia con un proceso de culpa.
- Tiene una justicia propia.
- El ego se evalúa más favorablemente de lo que realmente se es.
- Es egoísta y egocéntrico, es decir, interpreta los hechos desde un punto de vista personal.
- El ego está estructurado en creencias falsas que hemos ido construyendo durante años, conviviendo con ellas. Es como si lleváramos una mochila muy pesada en la espalda, que dificulta nuestra dinámica vital. Es conveniente y ne-

cesario vaciar la mochila, eliminando todo este entramado que condiciona nuestra falsa identidad, nuestro falso yo.

- El ego es enemigo de la humildad.
- Es el «no yo». Es nuestra identidad con visión materialista. Tiene un origen externo, material, y por tanto es temeroso, cambiante e incompleto. Su autoestima depende mucho de la opinión de los demás. Sus objetivos son totalmente externos y materiales: éxito, fama, riqueza, poder y dominio.
- Al conseguir un objetivo material, vivencia placer con una gran carga afectiva. Con el tiempo pierde interés, puesto que lo considera habitual, pero ya tiene en cartera nuevos objetivos. Es insaciable. Con frecuencia, a la larga, el deseo constante es motivo de sufrimiento.
- Para conseguir sus objetivos, adopta dinámicas vitales muy negativas con competitividad exaltada, envidia, celos, resentimiento e incluso agresividad hasta llegar a la violencia. Gandhi definía la violencia como «el límite de la incompetencia».
- El ego también se mueve en el futuro, donde espera alcanzar los objetivos propuestos; sin embargo, el futuro es incierto e inseguro, lo que provoca angustia. Es enemigo del presente, el tiempo de la Supraconciencia. Se llama presente porque es el regalo que nos hace la vida, es lo único cierto. El pasado ya no se repetirá y el futuro es incierto.
- El ego se mueve entre opuestos: vida-muerte, salud-enfermedad, amor-odio, felicidad-sufrimiento y un largo etcétera. En la frontera de los opuestos, siempre hay lucha y sufrimiento, puesto que el ego siempre quiere eliminar el opuesto negativo, y esto no es posible. Los opuestos son

una ilusión del ego, en realidad no existen. En el *Tao Te Ching*, Lao-Tse afirma que, en los opuestos, uno crea al otro. Podemos compararlo a una línea curva que en un lado es convexa y en el otro, cóncava. No existe uno sin el otro.

- Con el ego nunca conseguiremos la auténtica felicidad, solo nos proporciona placer. La bioquímica del placer es la dopamina, estimulante de las neuronas.
- El ego condiciona miedo. Cualquier miedo, por banal que sea, en el fondo es miedo a la muerte, puesto que el ego desaparece con la muerte física.
- Es bien evidente que el mundo occidental se mueve con esta dinámica del ego. Nuestra sociedad respeta y potencia el ego.

El egoísmo

Aunque cada persona tiene su ego específico, nunca seremos verdaderamente felices si olvidamos a los demás, pensando exclusivamente en nosotros mismos. Cuando el egoísmo nos lleva a olvidar a quienes nos rodean, surgen la competencia, los celos y la envidia. Toda relación originada en el ego no será sana ni provechosa, ya que hará que veamos a los demás como competidores y enemigos a los que vencer. En toda discusión, reforzamos el ego del otro y nos alejamos de aceptar su verdadero «yo». Ante cualquier contrariedad, un individuo egoísta suele transferir la culpabilidad a los otros (al entorno familiar, a un grupo o a una persona en concreto), cuando la verdadera causa del fracaso es él mismo.

El ego es totalmente contrario al altruismo y a la empatía, dos de las vías que nos llevan a la Supraconciencia.

- El ego dispone de unas potentes armas para tapar, camuflar y evitar que aflore nuestra auténtica realidad existencial, la Supraconciencia. Estas armas son:
  1) **La ignorancia,** el amplio desconocimiento de nuestra auténtica identidad. Una sociedad ignorante, débil, pobre y enfermiza se controla y se dirige fácilmente. Esto es lo que persiguen los poderes fácticos, políticos y medios de información.
  2) **La afección por lo material.** Sus objetivos son materiales y los persigue de forma insaciable. Buda atribuía el gran sufrimiento que existe en el mundo a la afección a lo material. La afección, la dependencia compulsiva de una persona o un objeto material, es contraria al amor.
  3) **El egoísmo.** Totalmente contrario al altruismo y la empatía, características de la Supraconciencia.
  4) **El miedo.** Es una potente arma del ego y, en el fondo, es miedo a la muerte. El miedo nos limita y evita nuestro progreso. Sentirse solo es propio del ego y es el precio de la fragmentación dual que condiciona. El ego usa el miedo y la culpa para controlar.
  5) **La insatisfacción.** Está muy bien usada por los ideólogos de la sociedad de consumo. Siempre queremos más y más, el ego es insaciable, de manera que nunca

conseguimos la satisfacción. No solo la insatisfacción se produce en el ámbito material, sino también en el trascendente espiritual. El ego establece una supuesta salvación, trascendencia, paz que nunca se consigue. Nos mantiene en un estado continuo de búsqueda que nunca alcanzamos.

- El ego necesita la aprobación de los demás para reforzar su autoestima. Nos coloca una máscara que esconde nuestra auténtica identidad. Por eso, se integra en grupos y redes sociales que le proporcionan seguridad. No puede depender únicamente de él mismo.

Realmente, el sentido de nuestra vida está en nuestro interior, en nuestra conciencia. El mundo exterior es producto del colapso que realiza nuestra conciencia. El gran problema del ego es que le da más importancia al mundo exterior material, cuando en realidad es consecuencia del mundo interior.

- La mente nos permite conocer el mundo material, mientras que la meditación nos conduce a nuestro mundo interior espiritual.
- Para entrar en nuestra realidad espiritual, primero es necesario ser conscientes de nuestro ego y controlarlo. A partir de ese momento es posible entrar en la iluminación.
- Vivimos con ansiedad y angustia al ver que pasa la vida y se acerca la muerte, sin encontrar sentido a la vida.
- Estados anímicos que provoca el ego: ansiedad, sentirse desgraciado, depresión, trastornos alimentarios, déficit de atención, insomnio, disfunción eréctil e infelicidad.

- El ego busca aplausos, elogios, alabanzas y reconocimiento en todo lo que hace.
- Se siente protagonista y no deja hablar a los demás. Quiere ser la estrella, el centro de atención en el grupo y demostrar su valía.
- Le duelen los triunfos y éxitos de los demás. Se siente humillado y marginado ante el éxito ajeno.
- Tiene que demostrar que siempre tiene razón y que lo sabe todo. Habla sin parar y no sabe escuchar.
- Es un gran manipulador, con el fin de conseguir algún beneficio. No acepta las derrotas.
- En el budismo oriental, el ego se considera una ilusión, pues todo es transitorio, sin existencia intrínseca.
- El ego es nuestro pasado, nuestra historia.
- Necesita la sociedad, pues precisa su aprobación y le proporciona seguridad, pero el individuo, a cambio, pierde su individualidad y su identidad.
- Con el egoísmo y el odio, provoca situaciones antagónicas al amor.
- El ego no valora lo que tiene, puesto que pasa a ser habitual y pierde interés. Siempre está pendiente de nuevos objetivos materiales.
- Los niños tienen inocencia, que es una riqueza, distinta de la ignorancia, que comporta pobreza. La inocencia es expresión de la Supraconciencia.
- Nuestra auténtica identidad, la Supraconciencia, valora y aprecia lo que tiene, y lo manifiesta con la gratitud, que no solo es la virtud más importante, sino también la madre de todas las demás, como proclamó el político y filósofo romano Marco Tulio Cicerón (106 43 a. de C.).

El filósofo prusiano Immanuel Kant (1724-1804), máximo exponente de la Ilustración, distingue un «yo» empírico y un «yo» trascendente:

> Hay dos cosas que me llaman la atención, una externa al observar la perfección del universo y otra interna al comprobar que nuestro interior tiene la capacidad de determinar y valorar si nuestros actos son éticos (Kant, 2013).

Hace referencia a la Conciencia Primera y a la Supraconciencia, el yo trascendente, holístico con la Conciencia Primera.

El neurólogo austriaco Sigmund Freud (1856-1939), considerado el padre del psicoanálisis, considera que el «yo» es la conciencia del ser humano. Condiciona su identidad. Considera el ego como el mediador entre el «ello», que es nuestra parte animal, primitiva y dueña de nuestros instintos, y el «superyó», nuestra parte moral y ética que trasciende lo material y nos dicta lo que es bueno y correcto. Es la parte de la conciencia que negocia entre los instintos y la moral y la ética.

Entendemos por moral el conjunto de normas y principios que rigen un grupo social. La ética es una reflexión sobre la moral y nos permite discernir entre lo que está bien y lo que está mal.

El ego es un epifenómeno de la materia, del cerebro. Es la conciencia local o neuronal, determinada por el metabolismo, la bioquímica neuronal. Es la causación ascendente frente a la causación descendente de la Conciencia o Inteligencia Primera. Si inhibimos la actividad neuronal, desaparece la conciencia, como en el sueño o al administrar un anestésico general por vía endovenosa o inhalatoria, que inhiben la actividad neuronal de manera reversible, para practicar una maniobra agresiva diagnóstica o terapéutica.

Es muy importante ser conscientes y saber diferenciar entre el ego y lo que realmente somos. Surge con frecuencia la pregunta: ¿qué me ha hecho reaccionar de esa forma? Cuando el ego controla el proceso de reflexión, no se tiene la oportunidad de poder ver el origen de los dramas emocionales. El ego se reafirma y se oculta bajo la propia crítica.

Conocer nuestro ego y sus estrategias nos empodera. Nos hace conscientes de nuestras acciones y responsabilidades y nos permite entender y conocer la vida como realmente es y no desde la falsa perspectiva que construye el ego.

El ego no es un enemigo, sino un componente que forma parte de nuestra mente con un rol importante en nuestra rutina diaria, que podemos gestionar y controlar con la introspección y el autoconocimiento.

Para poder eliminar todo el entramado de falsas creencias del ego, se precisa mucho tiempo.

El ego establece un dualismo cuando en realidad el universo es no dual, es holístico. Todo es uno. La no dualidad define los objetos de manera que observador y objeto están unidos. No hay separación.

El materialismo exacerbado del ego nos conduce a un nihilismo (del latín *nihil*, «nada»), considerando que todo se reduce a la nada y, por tanto, nada tiene sentido. Niega radicalmente la posibilidad del conocimiento. El filósofo y poeta alemán Friedrich Nietzsche (1844-1900) lo define como la desvalorización de los valores supremos. Rechaza los principios éticos y religiosos y nos conduce a la creencia de que la vida no tiene sentido. Esta visión nihilista existencial ha motivado que, en las sociedades occidentales, la principal causa de muerte en la población entre quince y treinta y cinco años de edad sea el suicidio. Cuanto más se crece materialmente, más infeliz se es, pues nos alejamos de nuestra realidad existencial trascendente.

La sociedad actual está en crisis, con pérdida de valores y dominio de la codicia sobre la generosidad. Es una sociedad dominada por el tremendismo, el pesimismo y rendida. Existe una neurosis colectiva. Según el neurólogo, filósofo y psiquiatra austriaco Viktor Frankl (1905-1997), el principal motivador en la vida humana es la búsqueda de un sentido único, un propósito vital, un por qué, para responder a los retos que se presentan en el día a día. No olvidemos que el inmovilismo lleva al colapso.

La sociedad está en crisis porque no tiene respuestas a tres preguntas existenciales básicas:

1) **¿La vida tiene razón de ser?**
2) **¿Qué significado tiene?**
3) **¿Qué propósito tiene?**

La existencia solo tiene sentido si es trascendente, con el ego controlado.

El filósofo germano-suizo Jean Gebser (1905-1973) considera que la sociedad evoluciona a un cambio de conciencia. Afecta a aspectos sociales, culturales, económicos, políticos y espirituales. Algo viejo está muriendo y algo nuevo está naciendo. Sin embargo, la situación aún es incierta. Es evidente que afectará a toda la humanidad, con una visión holística en la que todo estará interconectado (Gebser, 2011).

El cambio de conciencia permitirá que el cientifismo materialista se complemente con una ideología trascendente, evolucionando a una hegemonía de nuestra realidad existencial, la Supraconciencia.

Será fundamental eliminar la ignorancia con un papel preponderante de la cultura y con la meditación como gran arma.

Todo lo que somos, pensamos y hacemos es consecuencia de nuestra mente, del concepto que tenemos de nosotros mismos y, por tanto, de nuestro ego. No podemos cambiar el mundo exterior si no cambiamos nuestra conciencia del ego. El cambio no se produce por una evolución, sino por un acto consciente volitivo. El político y pensador indio Mahatma Gandhi (1869-1948) lo expresaba de manera magistral cuando decía que los cambios empiezan en uno mismo: si transformamos nuestra forma de ser y estar en el mundo, el mundo también cambiará su actitud hacia nosotros. Lo que hagan los demás no importa (Gandhi, 1913).

El mundo que vemos es el que nosotros colapsamos, somos nosotros los que condicionamos todo lo que nos rodea. Cuando seamos conscientes de esta gran realidad, caerán todos los dogmas que ha establecido el ego. Nuestra auténtica identidad solo se manifestará cuando aflore nuestra Supraconciencia provocando el esclarecimiento de la inteligencia, los pensamientos se rectificarán y clarificarán, condicionando nuestros sentimientos, nuestra vida afectiva, y la vida se estructurará desde el interior. Entonces seremos realmente libres.

El ego condiciona en gran medida el carácter, la salud, la felicidad y la libertad.

Carácter

La Real Academia Española define el carácter —término que proviene del griego *charaktḗr*, «el que graba»— como el conjunto de cualidades o circunstancias propias de una persona o colectividad, que las distingue, por su modo de ser y actuar, de las demás. En otras palabras, es la suma de cualidades psíquicas y afectivas que determinan la conducta de cada individuo. De forma más amplia, podemos decir que engloba los valores, cualidades, defectos, creencias y experiencias que distinguen a una persona de las otras, en cuanto a su manera de ser, al margen del aspecto físico.

El carácter es la forma de pensar, ser y actuar de cada persona, y resulta de la interacción. Es un componente esencial de la personalidad humana.

Combina rasgos emocionales, mentales y éticos que definen a la persona.

El carácter condiciona la manera en que la persona se relaciona con los demás y cómo afronta los desafíos de la vida.

El carácter no es estático, sino que se va moldeando y desarrollando a lo largo de la vida gracias a las experiencias, decisiones e interacciones. Forma parte de un proceso. Determina la forma de reaccionar, su emotividad, su capacidad de respuesta ante las diversas situaciones que le presenta la vida. Así vemos personas emotivas, apasionadas, sentimentales, nerviosas y apáticas, entre otras.

El carácter es el factor diferencial de las personas y se estructura por el momento cultural al que pertenece, tanto en el núcleo familiar como social y de conducta moral.

Carácter, personalidad y temperamento

Conviene distinguir estos tres conceptos, pues, aunque relacionados, tienen matices diferentes:

Carácter. Se refiere a las características distintivas de una persona en sus acciones, decisiones y comportamientos.

Personalidad. Define a la persona en su totalidad, con una visión más amplia y completa de su relación consigo misma y con el entorno. Abarca tanto el carácter como el temperamento.

Temperamento. Describe las características emocionales y reactivas del individuo. Se relaciona, en gran medida, con características biológicas y/o influencias genéticas, por lo que entra en el ámbito de la respuesta biológica. Se suele describir por contraposición, diferenciando, por ejemplo, entre introvertido o extrovertido, tranquilo o apasionado, colérico o flemático.

Para entender la dinámica mental y cómo se estructura el carácter, es precisa una breve descripción del cerebro desde el punto de vista del árbol filogenético, que estudia el origen y la evolución de la vida en nuestro planeta.

La vida en nuestro planeta se originó hace unos 4000 millones de años. El universo cumplía el principio antrópico, es decir, presentaba todas las condiciones necesarias para la existencia de vida.

El primer ser vivo (se define como aquel capaz de replicarse y relacionarse con el entorno) fue una bacteria procariótica, sin membrana nuclear, una cianobacteria, muy resistente a entornos muy agresivos. Se la conoce con el nombre de LUCA (siglas en inglés de *Last Universal Common Ancestor*, que se traduce como «último antepasado común universal»). Evolucionó a célula eucariótica y luego a organismos pluricelulares dando origen a las distintas especies.

La especie humana tiene su origen en la cadena peces-anfibios-reptiles-aves-mamíferos-primates-homínidos.

Cuanto más complejas eran estas especies, mayor era su desarrollo cerebral.

El cerebro humano manifiesta, en sus diversas zonas, la evolución hacia la máxima complejidad cerebral y, en su estructura, el claro impacto evolutivo filogenético. Se distinguen tres zonas bien diferenciadas:

- **Cerebro basal.** En relación con su momento evolutivo, se denomina reptiliano. Controla las funciones vegetativas y es involuntario.
- **Cerebro medio.** También llamado sistema límbico o de los mamíferos, puesto que corresponde a su momento evolutivo. Está formado por: hipocampo, amígdala, septo, mesencéfalo y parte del tálamo. Controla la vida emocional, el aprendizaje y la memoria.
- **Cerebro superior o neocórtex.** Es la parte más evolucionada. Controla la vida intelectiva, racional y el libre albedrío. El hemisferio izquierdo desarrolla la actividad analítica y racional y el derecho, la creatividad, la actividad espontánea e intuitiva. Los dos lóbulos están ampliamente interconectados por el cuerpo calloso. Es importante conseguir la máxima sincronización entre ambos lóbulos ce-

rebrales, puesto que al conjugar la racionalidad del izquierdo y la creatividad del derecho se obtiene una mayor eficiencia en cada decisión tomada.

Los órganos sensitivos y sensoriales captan estímulos externos que son conducidos al sistema límbico, donde provocan las emociones. Las emociones ascienden y son filtradas por el tálamo y racionalizadas en el neocórtex en el lóbulo frontal, especialmente en la zona prefrontal, formando los pensamientos. Los pensamientos originan los sentimientos, la respuesta afectiva, que es almacenada en el sistema límbico, especialmente en el hipocampo, determinando la formación de hábitos.

Un hábito es una respuesta automática a un estímulo que, después de un periodo de aprendizaje, queda retenido en el subconsciente. Supone un gran ahorro de energía cerebral. A partir de los 35-40 años de edad, más del 90 % de las respuestas son hábitos.

Los hábitos están firmemente fijados por varios sustratos:

1) Físico, formado por una red neuronal específica.
2) Neuroquímico, son los neurotransmisores que determinan la transmisión del impulso nervioso a nivel de la sinapsis neuronal, influyendo en el estado físico y anímico.
3) Una pequeña proporción del impulso nervioso se transmite por ondas electromagnéticas a consecuencia de las diferencias de potencial de la membrana celular.
4) La influencia del entorno, que valora la epigenética, capaz de modificar el genoma sin afectar el contenido de ADN ni la secuencia de nucleótidos, provocando cam-

bios genéticos de activación o inhibición de genes por grupos metilo, con repercusión hereditaria.

La importancia de los hábitos se define con esta frase del filósofo griego Aristóteles (384-322 a. de C.), que continúa teniendo toda su vigencia:

> El pensamiento condiciona la acción. La acción determina el comportamiento. El comportamiento repetido crea hábitos. Los hábitos estructuran el carácter, es decir, la manera de ser, pensar y actuar, y el carácter marca el destino (Aristóteles, 2014).

Los hábitos que estructuran el carácter del individuo son almacenados en el subconsciente y se producen durante los primeros años de la vida. Empiezan a formarse en el claustro materno y continúa hasta los 8-9 años de edad. Esta etapa tiene una gran importancia, poco valorada por algunos padres y educadores. Los valores fundamentales se estructuran en el entorno familiar y los sociales, en la escuela y la sociedad. El entorno es fundamental en la estructuración del carácter, en el que influyen la educación, la familia, las amistades y las experiencias cotidianas.

Marco Aurelio (121-180), el emperador filósofo, expresaba la responsabilidad de los padres en esta etapa formativa del carácter con esta frase: «Los defectos de los hijos son deficiencias de los padres» (Marco Aurelio, 2014). Educar es ayudar a desarrollar la autoestima del hijo y se consigue convenciendo, no venciendo, aunque resulte más fácil, y la principal arma es el amor.

La autoestima es la evaluación perceptiva que tenemos de nosotros mismos. Es una necesidad de aprecio que uno tiene de sí mismo y el respeto y estimación que se recibe de otras personas, el respeto que les merecemos a los otros. Sin todo esto, como afirmaba el psicólogo estadounidense Abraham Maslow (1908-1970), es imposible que seamos felices (Maslow, 1954).

Salud

La salud, la felicidad y la libertad son tres objetivos fundamentales para el ser humano. Están íntimamente interconectadas, de manera que toda modificación en una de ellas repercute en las demás.

Sin embargo, dada su importancia, las desarrollaré en apartados propios.

El ser humano tiene derecho a ser feliz y evitar el sufrimiento. Tiene derecho a salud, felicidad y libertad.

En 1948, poco después de la Segunda Guerra Mundial, se firmó en París la Declaración de los Derechos Humanos, en la que se proclama que la salud, la felicidad y la libertad no son consideradas objetivos, sino derechos de todo ser humano.

Definimos el libre albedrío como la capacidad de tomar decisiones. La libertad es la capacidad de usar correctamente el libre albedrío, de elegir bien.

La salud, del latín *salus*, es un estado de bienestar que puede ser visto subjetivamente, lo asume el individuo, o a nivel objetivo al constatar la ausencia de enfermedades o factores dañinos. El término «salud» se contrapone al de «enfermedad».

La salud es objeto de especial atención por parte de la medicina y las ciencias de la salud. Sin embargo, en la actualidad se valora más la enfermedad que esta. Las facultades de Medicina deberían ser escuelas de salud.

El médico no tiene la capacidad de curar, lo que hace es poner a la persona en condiciones óptimas para que sus capacidades curativas naturales lo sanen.

El cirujano, al realizar una sutura, coloca los tejidos en las mejores condiciones posibles (buena vascularización, proximidad, hermeticidad) para que el proceso de cicatrización, que es el que en realidad consolida definitivamente la sutura, sane al enfermo por su capacidad de autocuración. La curación es un proceso biológico inherente al ser humano.

La salud refleja la forma de vida, los hábitos de una sociedad desde el punto de vista físico, mental y espiritual. Cada época tiene sus enfermedades.

Más del 80 % de las enfermedades en nuestra sociedad tienen influencia mental y se relacionan con situaciones anímicas conflictivas sin resolver. Con la enfermedad, se drena el dolor interno que no se puede expresar de otra forma y, siempre con un coste, trae un mensaje que hay que saber descifrar.

Debe evaluarse con criterios médicos objetivos, pero sin olvidar el factor mental.

La actividad mental es un flujo de energía, de ondas electromagnéticas, de intensidad y amplitud variables y, por tanto, información que se extiende por todo el cuerpo. La salud mental precisa que exista coherencia, es decir, mantener una relación lógica y consistente entre las funciones mentales.

El efecto placebo demuestra la importancia del componente anímico de las enfermedades y su influencia en la curación. Oscila entre el 30 y el 50 % de las curaciones efectivas. Definimos un placebo como el medicamento u otro tipo de tratamiento, como cirugía simulada o una información falsa, que no tiene ningún valor curativo real, excepto el efecto psicológico que pueda provocar.

El concepto de salud

Las primeras definiciones de salud se centraban en el funcionamiento regular del cuerpo, que podía verse alterado por la enfermedad, y en su capacidad para permitir que los individuos desempeñaran con normalidad roles familiares, laborales y comunitarios.

En 1948, la Organización Mundial de la Salud (OMS) propuso una nueva definición de salud y la describió como un estado de bienestar físico, mental y social con ausencia de enfermedades y dolencias. Unos años más tarde, en 1980, pasó a considerarla no solo un estado, sino también en términos dinámicos de resiliencia, es decir, como un recurso para vivir.

Posteriormente, en 1984, la OMS revisó esa definición y estableció que la salud es «el grado en que un individuo o grupo es capaz de realizar sus aspiraciones y satisfacer sus necesidades, así como de cambiar o hacer frente a su entorno».

La salud es un recurso para la vida cotidiana y no el objetivo de la vida. Es un concepto positivo con la capacidad de mantener la homeostasis —el equilibrio entre todos los sistemas necesarios para que el cuerpo sobreviva y funcione de manera adecuada— y recuperarse de las agresiones.

En cuanto a la salud mental, intelectual, emocional y social, se refiere a la capacidad del individuo para manejar el estrés, adquirir habilidades y mantener relaciones sociales, todo lo cual proporciona resiliencia para la vida independiente.

La salud es fundamental para la dinámica vital. En mi experiencia profesional, muchas personas en la plenitud de la vida, al ser diagnosticadas de una afección grave, ya sea en una exploración rutinaria o ante una dolencia banal, que pone en compromiso su situación vital, experimentan un total cambio de su vida, entrando en un rol diagnóstico y terapéutico.

Existen diversos factores determinantes de la salud: antecedentes, estilo de vida, condiciones económicas, sociales y espirituales.

Se propone también la denominación de «salud plena e integral» que abarca todos los aspectos del ser humano, incluyendo el ambiental y el espiritual, así como su interdependencia con el resto de los seres vivos que habitan en el planeta. La unión de nuestro cuerpo, alma y espíritu hace que vivamos como humanos íntegros y con libertad. La salud es, por tanto, un compromiso de toda la sociedad en su conjunto. Implica a muchos actores en un escenario abierto, dinámico y global, desplazando el binomio clásico y tradicional médico-enfermo.

Arthur Schopenhauer (1788-1860), máximo exponente del pesimismo filosófico, consideraba que la felicidad humana se compone de diez partes, de las cuales nueve se deben a la salud, pues sin ella nada es verdaderamente agradable (Schopenhauer, 2005).

La pérdida de la salud condiciona angustia y miedo. Recordemos que todo miedo, por banal que sea, es miedo a la muerte y provocado por el ego, puesto que, al tener origen material, la muerte supone su desaparición.

El miedo a la muerte se debe a cuatro factores:

1) El paso de la vida a la muerte suele ser molesto, doloroso, angustiante y de gran soledad.
2) La muerte supone un paso a una zona desconocida por la gran ignorancia existente. Puede compararse a solicitar a un niño que entre en una habitación oscura. El rechazo del niño a entrar es por miedo a la oscuridad, no sabe lo que encontrará y qué posibles peligros existen.
3) Con la muerte perdemos familia, amigos y, por supuesto, los bienes materiales por los cuales tanto hemos luchado e, incluso diría, malgastado nuestra vida. Venimos sin nada y nos vamos sin nada.
4) Tenemos un instinto de conservación muy potente que nos fija y mantiene en la vida.

El miedo a la muerte solo se elimina cuando se tiene la seguridad de que la muerte no es el fin de nuestra existencia, al conocer la realidad de la existencia del ser humano. Los que han descubierto su auténtica identidad, la Supraconciencia, consideran la muerte como una liberación, al dejar el traje material que supone el cuerpo.

Mientras veamos la muerte como una enemiga, siempre lucharemos para evitarla y nunca la aceptaremos. Será un tabú. Hemos de ser conscientes de que la muerte no es la oposición a la vida, sino que forma parte de ella.

Cuanto más conscientes seamos de la realidad de la muerte, más disfrutaremos del tiempo y perderemos la prisa y la aceleración, tan típicas en nuestra sociedad. Se aprende a vivir sin la presión del tiempo. No olvidemos que el temor a morir no es por miedo a la muerte, sino a no haber vivido. El concepto del tiempo limitado que tenemos condiciona el miedo a la muerte. La muerte supone pasar a una dimensión donde el tiempo es eternamente presente. Saquémonos la máscara y vivamos intensa y auténticamente de acuerdo con nuestra Supraconciencia.

Si no has descubierto la Supraconciencia, la muerte te aboca a un vacío total, sin identidad. Si conoces tu auténtica identidad, morir es despertar a una situación mucho mejor.

La muerte siempre está aquí, aunque no seamos conscientes de ella.

Entender la muerte es la lección más grande que hemos aprendido en la vida. Descubrimos que somos conciencia en un cuerpo físico temporal. Se afronta la vida de manera más intensa cuando se es consciente de su finitud.

El miedo a la muerte es algo irracional dentro de la ciencia materialista. ¿Cómo podemos considerar la muerte como algo malo antes de haberlo experimentado?

El médico psiquiatra y psicólogo suizo Carl Gustav Jung (1875-1961) expresó maravillosamente el concepto de muerte después de vivenciar una ECM en 1944, tras sufrir un ataque cardiaco. Explicó que, si bien pensamos que la muerte es la cosa más terrible, eso es porque no la hemos experimentado: cuando uno la saborea, siente tal paz y bienestar que ya no quiere salir de ella (Jung, 2021).

La declaración de Jung implica que la conciencia sobrevive a la muerte, aspecto que nunca podrá definir el materialismo del método científico.

¿Podemos morir conscientemente de forma creativa? Solo es posible cuando se comprende que la verdadera naturaleza de la realidad es la conciencia, eliminando la afección o apego a lo material y alcanzando la liberación del dominio del ego al descubrir la Supraconciencia con desaparición del dualismo.

Los momentos finales de la vida, si se es consciente de la realidad existencial, se afrontan con paz, gozo y serenidad.

Es justo y necesario morir de manera digna, sin sufrimiento. Hoy tenemos medios más que suficientes para controlarlo. Sin embargo, la sociedad no es consciente de esta necesidad; prueba de ello es que existe una ley para la eutanasia, pero no hay ninguna ley para los cuidados paliativos del paciente durante la muerte. La gran mayoría de la población muere sin el trato y el acompañamiento que precisa el tránsito.

Los niños están mejor preparados para la muerte, puesto que no dependen tanto del ego.

La respuesta psicológica ante una situación que pone en peligro la vida evoluciona en varias fases, ya sea individualizadas o superpuestas, bien valoradas por la psiquiatra suizo-estadounidense Elisabeth Kübler-Ross (1926-2004):

1) La primera fase es de gran sorpresa e incredulidad. No se acepta que sea posible.
2) Sigue una fase de protesta y rechazo, de no aceptación, y la persona se considera maltratada por el destino.
3) Una tercera fase en que experimenta más tranquilidad, pero postergando el problema.
4) Esta fase es la más peligrosa y, por tanto, debe ser bien conocida por el personal sanitario que la atiende. Es una etapa depresiva en la que no se encuentra solución a la

enfermedad y puede abocar al suicidio. Tengo tristes experiencias en mi vida profesional de esta fase.

5) Es la fase de aceptación, confiando en el tratamiento propuesto por el equipo médico o en la fe de nuevos tratamientos más efectivos para la curación.

En el proceso de morir, primero se pasa por la fase de desconexión del córtex, que provoca desorientación y confusión en el moribundo.

Una segunda etapa afecta al cerebro medio, el sistema límbico, donde está almacenada nuestra historia y nuestra vida afectiva, lo que determina momentos de sufrimiento y otros placenteros que excitan al moribundo.

La tercera y última fase afecta al cerebro basal o reptiliano, que controla las funciones vitales de la vida vegetativa. Aparecen apneas y trastornos del ritmo cardiaco hasta llegar a la muerte final.

Cuando una noxa (o amenaza) física, química o biológica externa o interna, incluyendo las anímicas, agrede al organismo afectando a la salud, se produce una reacción de defensa a fin de restablecer la salud perdida. Es la respuesta neuroendocrina a la agresión.

Se activa el hipotálamo del sistema límbico, que a su vez activa la hipófisis segregando hormona adrenocorticotrópica (ACTH), que actúa sobre las suprarrenales, determinando la liberación de cortisol y catecolaminas (adrenalina, noradrenalina). Estas hormonas preparan el organismo para la defensa frente a la noxa agresora, ya sea de lucha o de huida. Provocan profundos cambios: taquicardia, hipertensión, polipnea, hiperglucemia; prepara el aparato osteo-músculo-articular y la máxima atención mental.

Es un estado de alta excitación con un gran consumo energético. Una vez finalizada su función, estas hormonas son rápidamente metabolizadas.

Todas las situaciones de estrés, tensión y angustia persistentes mantienen una secreción continuada de las hormonas de respuesta a la agresión, que lesionan diversas partes del organismo. El estrés tiene un origen interno y no externo.

Las emociones negativas originan pensamiento y sentimientos negativos. Hay que dejarlos ir, no oponer resistencia, pues la resistencia alimenta la negatividad.

Los sentimientos negativos se pueden gestionar con:

- **Represión.** Quedan reprimidos y marginados, condicionando irritabilidad, conflictos internos y estrés. Se intenta olvidar manteniéndolos fuera de la conciencia. Provocan sentimiento de culpa y miedo al no atreverse a afrontarlos.
- **Alejamiento.** Muchas personas intentan ocultar sus sentimientos negativos mediante la diversión: tabaco, alcohol, sexo, drogas, juego, compra compulsiva o comer sin control. Temen estar solas, lo que les supone un gran consumo de energía y las aboca a la angustia y la depresión.

Sobrevivir depende de la capacidad para resolver los problemas que nos plantea la vida y adaptarnos. Una persona bloqueada emocionalmente está anulada intelectualmente. El miedo bloquea y secuestra la mente. Necesitamos tener una mente resiliente, resistente a las presiones y elástica para volver a la situación inicial después de estas.

Tenemos que eliminar los sentimientos negativos, son altamente nocivos. Llevar una gran carga de sufrimiento reprimido, ira, miedo y orgullo, afecta seriamente la salud. Hay que dejarlos ir al ser conscientes y no oponer resistencia.

El cambio, eliminando los sentimientos negativos, suele producirse después de una crisis. Una crisis supone desestructurar el andamio psicológico, que suele ser un autoengaño, y siempre es positiva, pues se sale con un carácter mejorado, más auténtico.

Las alteraciones atribuibles al estrés persistente afectan a muchos órganos:

- Taquicardia, arritmias.
- Hipertensión.
- Hiperglicemia con descompensación diabética.
- Trastornos digestivos.
- Trastornos cerebrales (insomnio, estrés, angustia, depresión, pérdida de memoria, dificultad en la gestión de las emociones, lesiones isquémicas en el neocórtex y el sistema límbico, falta de atención, disminución de la libido y del tono vital).
- Depresión (de ahí que los antidepresivos estén entre los medicamentos más prescritos en la actualidad).
- En cuanto al sistema inmunológico, tanto celular como humoral, provocan una caída de la respuesta inmunológica con predisposición a padecer enfermedades autoinmunes, infecciones y el desarrollo de tumores malignos.
- Isquemia y lesiones en el neocórtex y el sistema límbico.

Podemos comprobar que las principales causas de muerte, enfermedad arteriosclerótica, cáncer, infecciones y enfermedades autoinmunes tienen relación con la situación de estrés persistente que impera en nuestra sociedad.

Existen pruebas científicas que evidencian el efecto nocivo de la persistencia de la respuesta neuroendocrina a la agresión.

Un minuto de pensamientos negativos provoca una caída del sistema inmunológico que persiste durante seis horas.

Un estudio en la Universidad de Harvard, sobre el tratamiento de pacientes con cefaleas y dolores anginosos por isquemia miocárdica, demostró que los resultados son mucho mejores eliminando la situación de estrés que con los tratamientos farmacológicos habituales.

En conclusión, podemos afirmar que **una vida activa, positiva, creativa y al servicio de la sociedad resulta altamente beneficiosa sobre la salud** al eliminar la situación de estrés persistente.

Ante esta situación, uno se pregunta si es posible cambiar nuestra dinámica vital y por tanto los hábitos que estructuran nuestro carácter, nuestra manera de ser, pensar y actuar.

Santiago Ramón y Cajal (1852-1934), premio nobel de medicina en 1906 por sus estudios sobre la transmisión del impulso nervioso a nivel de las sinapsis neuronales, introdujo el concepto de plasticidad cerebral, no siempre aceptado en su época, claramente expresado en su frase «el ser humano es el escultor de su cerebro» (Ramón y Cajal, 2011).

Con el progreso de la neurociencia se introdujeron los conceptos de neuroplasticidad y neurogénesis. La neuroplasticidad es la capacidad del sistema nervioso central de formar nuevas conexiones neuronales. La neurogénesis es la capacidad de formar nuevas neuronas a partir de las células neurales madre de la glía. El cerebro no es una estructura estática, sino que podemos moldearlo si lo estimulamos de manera apropiada.

El bioquímico austriaco-estadounidense Eric Kandel (1929) recibió el Premio Nobel en el año 2000 precisamente por sus aportaciones sobre la neuroplasticidad. Santiago Ramón y Cajal tenía toda la razón.

Podemos cambiar nuestros hábitos y estructurar un carácter más auténtico y apropiado a nuestra realidad vital mejorando nuestra salud.

Nos cuesta cambiar por miedo a lo desconocido, por falta de fuerza de voluntad y atención. Preferimos la falsa seguridad que nos proporciona lo conocido evitando nuestra evolución y nuestro progreso.

Hoy los neurólogos nos dicen que podemos mantener el cerebro joven si lo estimulamos de manera apropiada. Gracias a la neuroplasticidad y la neurogénesis, el cerebro sigue creciendo durante toda la vida. Mejoran la mielinización y, por tanto, aceleran la transmisión nerviosa. Frenan el proceso de envejecimiento.

¿Cómo podemos estimular la neuroplasticidad y la neurogénesis?

- **Vida sana:** alimentación equilibrada, cualitativa y cuantitativamente, y deporte de manera apropiada y constante.
- **Actividad mental**, hacer funcionar nuestra mente: leer, estudiar, viajar, tocar un instrumento musical, juegos de azar, no hacer siempre lo mismo y evitar las actitudes pasivas y receptivas. Hay una ley biológica que asegura que lo que no funciona se atrofia.
- **Relación social.** Hoy sabemos que el ser humano es un complejo cuántico que emite continuamente ondas electromagnéticas y biofotónicas que originan un campo a

> nuestro alrededor, de frecuencia e intensidad en relación con nuestro estado físico y anímico. Estas emisiones han llevado a proponer analogías en las que el ser humano funciona como una antena biológica. Cuando la relación social es positiva, se estimulan la neuroplasticidad y la neurogénesis. Si la relación social es positiva, nos sentimos bien y acompañados, y nuestro organismo libera oxitocina, conocida como la hormona del parto y la lactancia. Está emparentada en su estructura con la vasopresina. Se produce por los núcleos supraóptico y paraventricular del hipotálamo y es liberada a la circulación a través de la hipófisis. Interviene en la modulación de los comportamientos sociales, sentimentales y sexuales, en sensaciones muy agradables, que nos liberan del estrés crónico. Es la hormona del abrazo, del enamoramiento, y reduce el miedo. El estrés a través de la respuesta neuroendocrina a la agresión nos deteriora tanto física como anímicamente. Es fundamental tener personas cercanas con las que tengamos relación positiva. La amistad, tener amigos, es fundamental para nuestra salud y nuestra felicidad.

Podemos tener una vida con salud, felicidad y libertad auténticas, siempre y cuando estructuremos nuestra dinámica vital de forma activa, positiva, creativa y al servicio de la comunidad.

«El que vive sin servir, no sirve para vivir»
(atribuido a Madre Teresa de Calcuta).

Felicidad

Etimológicamente, el término «felicidad» proviene del latín *felicitas*. Es la situación emocional de una persona feliz, un estado de ánimo que supone satisfacción y ausencia de sufrimiento. Quien es feliz se siente a gusto, contento, complacido y en armonía con todo lo que le rodea, con una sensación de plenitud interior. Es un estado completo que se experimenta al compartir amistad y amor de manera incondicional. Es la expresión de la vida en expansión, con desapego de los deseos y ataduras, condicionando la percepción de la realidad pura y la conexión con la fuente del SER, con la infinitud. También se concibe como la ausencia de dolor, sufrimiento y angustia. Se trata de un concepto subjetivo relativo y depende de las culturas. Es el objetivo primordial de todo ser humano.

La infelicidad no está en el exterior, sino en nuestro interior. La provocamos nosotros según nuestra manera de pensar y ser. Solo uno mismo se puede hacer feliz.

El propósito fundamental de nuestra vida es buscar la felicidad, independiente de las creencias religiosas y filosóficas. Pienso que es posible alcanzar la felicidad a través de nuestra mente entrenada.

La búsqueda de la felicidad no solo produce beneficios al individuo, sino también a la familia y al conjunto de la sociedad.

Se ha atribuido un factor genético a la felicidad. En gemelos univitelinos se observan unos niveles anímicos muy similares, aunque hayan sido educados en entornos distintos. Sin embargo, el factor primordial es la dinámica mental propia del individuo y su grado de evolución.

La felicidad no sucede por casualidad, siempre debe ser creada. Se mide por la capacidad que cada persona tiene para dar soluciones a los distintos aspectos que conforman su vida. El camino hacia ella es la gratitud, que Cicerón definió como «la virtud más grande y la madre de todas las demás» (Cicerón, 2016).

La felicidad viene medida por la capacidad que cada individuo tiene para dar soluciones a los distintos aspectos que conforman su vida.

Felicidad en la cultura occidental

Es el estado de ánimo positivo y satisfactorio al conseguir el objetivo, la meta deseada. La corriente psicológica va del exterior al interior.

Es cierto que factores como la salud, los bienes materiales, el grado de riqueza, amistades y círculo social, ayudan y son fuentes de felicidad, especialmente el tener las necesidades vitales cubiertas. Sin embargo, en las sociedades con mayor opulencia económica se observa una mayor insatisfacción e inquietud que conduce con frecuencia a la frustración, originando dependencias y tendencia al suicidio. La riqueza material por sí sola no es garantía de felicidad. El estado mental es fundamental. La paz y la serenidad mental propias de una mente evolucionada son el auténtico camino hacia la felicidad.

El entorno material no proporciona felicidad, sino placer, que es una respuesta emocional intensa a un estímulo y tiene corta duración. Se establece una habituación y precisa que el estímulo sea más potente cada vez.

La bioquímica del placer corresponde al neurotransmisor, la dopamina, que es un estimulante neuronal.

Los deseos materiales excesivos conducen a expectativas desmesuradas y hacia la avaricia, que no aboca a la satisfacción a pesar de conseguir el objeto deseado.

La dinámica vital del ser mentalmente evolucionado con autoestima es contraria a la de la avaricia y se caracteriza por empatía, altruismo, relación cálida afectuosa y compasiva, moderación y sentido común.

La compasión es un estado no agresivo, una actitud mental con el deseo de que los demás se liberen del sufrimiento, y está asociada con un sentido de compromiso, responsabilidad y respeto a los demás.

La compasión y el altruismo tienen un efecto positivo sobre nuestra salud física y emocional.

Felicidad en las culturas orientales

Es un estado de armonía, paz, gozo y equilibrio interno, que se proyecta al exterior con una dinámica vital muy positiva, con vivencia de estar unido amorosamente a todo el universo, propia de los arquetipos. La corriente psicológica va del interior al exterior.

El odio puede ser el mayor obstáculo para el desarrollo de la compasión y la felicidad. Hay que aprender a ser paciente y tolerante, incluso con los enemigos. Para adquirir compasión se precisa ser paciente, tolerante y agradecido. Nuestros enemigos nos ponen a prueba para el crecimiento.

El cambio de perspectivas precisa de una mente flexible, puesto que nos permite abordar los problemas desde varios puntos de vista hasta alcanzar el equilibrio.

La bioquímica corresponde al neurotransmisor, la serotonina, que inhibe la actividad neuronal.

Felicidad religiosa

Es un estado de paz que se consigue con la unión con Dios.

Los budistas afirman que la felicidad únicamente se consigue con la liberación del sufrimiento.

Viktor Frankl define al ser humano como capaz de soportar el sufrimiento siempre y cuando consiga encontrarle un significado, que puede ser en la fe religiosa o en la liberación espiritual.

Hay que diferenciar el dolor físico, que es un proceso fisiológico y no podemos modificarlo, del sufrimiento, que es nuestra respuesta mental y emocional al mismo, y sí podemos modificarlo.

El dolor sirve para protegernos, puesto que nos avisa de un proceso que nos agrede y es desagradable para obligarnos a afrontar el problema. Nos obliga a prestar atención y actuar.

El sufrimiento está claramente influido por nuestra actitud y nos une, nos conecta con todos los demás.

La felicidad auténtica tiene un sentido trascendente.

La felicidad no es un sentimiento, sino al revés, el sentimiento es consecuencia de la felicidad.

La vida es evolución y cambio. El negarse a aceptar el cambio provoca perpetuación del sufrimiento

El estado mental es el factor fundamental para alcanzar la felicidad. Es necesario controlar las emociones y los sentimientos negativos como el odio, los celos y la cólera. Condicionan una visión hostil, con sensación de inseguridad y temor. Hay que cultivar los estados mentales positivos como la amabilidad y la compasión. Para alcanzar la felicidad se precisa un cambio en la manera de pensar y en las perspectivas, y lograrlo requiere tiempo, disciplina y entrenamiento.

Para ser feliz, la vida debe tener un sentido y significado que nos permita disfrutarla. La sociedad actual está en crisis y no tiene una respuesta que dé sentido a la vida, a consecuencia del materialismo existente y el alejamiento de la trascendencia, la auténtica realidad de nuestra existencia humana.

La auténtica felicidad solo es posible en la Supraconciencia

La gente se siente sola y busca en las redes sociales compañía y sentido a la vida. La soledad determina ansiedad y depresión.

El modelo de sociedad que hemos ido forjando entre todos predispone al deterioro del bienestar interior de las personas. Resulta incomprensible que esta grave situación no motive la atención de políticos y analistas.

El deterioro de la salud psicológica de la sociedad se atribuye a varios factores: pandemia, abuso de las redes sociales, consumo de sustancias adictivas, cambio climático, belicismo mundial y una dinámica social que predispone al estrés crónico con normalización del odio y el egocentrismo.

> Nuestra democracia se autodestruye porque se ha abusado del derecho a la igualdad y del derecho a la libertad; porque se ha enseñado al ciudadano a considerar la impertinencia como un derecho, el no respeto a las leyes como libertad, la imprudencia en las palabras como igualdad y la anarquía como felicidad (Isócrates, 2002).

El cambio que precisa nuestra sociedad debe empezar por un cambio en cada uno de nosotros, con una comprensión más holística y trascendente de nuestra existencia.

El progreso moral de una sociedad solo es posible si existe un principio universal que fomente y del que emanan unos valores, unas leyes universales que proporcionan un significado, un camino que seguir y una finalidad en la vida, y que son la manifestación de la Conciencia Primera. Estos valores fundamentales corresponden a los arquetipos de Jung, fundamentados en las ideas de Platón y Kant, y trascienden la mente humana.

La risa es expresión de vivir intensamente de manera positiva, de disfrutar, de experimentar y descubrir las bellezas que nos ofrece la vida. La risa y la ironía son manifestaciones de nuestra auténtica identidad para recordarnos que no somos prisioneros de este mundo, sino viajeros de paso.

En un estudio estadístico sobre la risa, se ha observado que los niños ríen una media de trescientas veces al día. Los adultos apenas lo hacen una media de catorce, una expresión de la dinámica de nuestra sociedad actual. Con los años, olvidamos reír.

Los Gobiernos no pueden proporcionar felicidad a la población. Pueden disminuir las fuentes de infelicidad mejorando la educación, la salud y el bienestar, pero no dar la felicidad, que es una vivencia interior del individuo.

La auténtica felicidad se consigue cuando superamos el ego. Hay que vencer sus armas: la ignorancia, el egoísmo, la afección a lo material y el miedo, con su máxima expresión en el miedo a la muerte.

El ego se mueve entre opuestos y en la frontera de los opuestos siempre existe lucha, al intentar eliminar el opuesto que no desea. Es imposible eliminar el opuesto, puesto que es una ilusión, y por tanto la lucha impide la felicidad.

Detrás de la dualidad está la libertad. El dualismo es una ilusión. La vida es como viene y hay que aceptarla, no malgastando energía. La actitud ideal viene dada por el ES, aceptar la vida con dinámica activa y creativa, pero nunca con sumisión. La vida es un fluir, no podemos ir en contra.

Al vencer al ego, aflora nuestra auténtica identidad, la Supraconciencia, la única que puede proporcionarnos la verdadera felicidad. Somos presencia y formamos parte de todo, somos naturaleza y vibramos con ella.

Jamás conseguiremos la auténtica felicidad con el ego, que siempre es consciente de su finitud al depender del cuerpo material. Con la muerte física, el ego desaparece.

La auténtica felicidad solo es posible en la Supraconciencia. Solo entonces comprenderemos la auténtica finalidad de la vida tridimensional, descubrir y ser conscientes del SER, la Supraconciencia, y no del HACER O TENER, objetivos del ego.

Como dijo el teólogo, filósofo y escritor estadounidense de origen alemán Reinhold Niebuhr (1892-1971), hay que tener la fortaleza y la fuerza de voluntad suficientes para cambiar lo que es posible cambiar, la serenidad para aceptar lo que no podemos cambiar y la sabiduría para saber diferenciar lo uno de lo otro (Sifton, 2005).

Como dijo Pierre Teilhard de Chardin (1881-1955), jesuita, teólogo y filósofo, cualquier obstáculo nos debe servir para mejorar, para desprendernos de nuestros defectos y alejarnos del punto alfa hasta alcanzar el omega (Teilhard de Chardin, 1986).

La infelicidad no está en el exterior, sino en nuestro interior según nuestra manera de ser. Solo uno mismo puede hacerse feliz. Sin embargo, necesitamos la infelicidad para crecer, para evolucionar.

La felicidad se consigue eliminando la infelicidad.

La felicidad solo es posible viviendo el presente, el ahora, eliminando el pasado con sentimientos de culpabilidad y el futuro con miedos y ansiedad. La vida debe tener un sentido para ser feliz, y este solo se consigue con la trascendencia.

Libertad

Tiene su origen en el latín clásico *libertas*, la condición del individuo que es libre jurídica y políticamente.

La libertad es la capacidad del ser humano de actuar según sus valores, criterio, razón y voluntad, pudiendo tomar decisiones sin estar coaccionado por fuerzas externas o internas, de forma autónoma, únicamente limitada por el respeto a la libertad de los demás.

Es actuar sin coacción ni presión de ningún tipo de fuerza.

La diferencia entre libre albedrío y libertad radica en conceptos y aplicaciones, aunque ambos están relacionados con la autonomía humana.

El libre albedrío es la capacidad de decidir por cuenta propia sin estar presionado o coaccionado por factores externos.

La libertad es la capacidad de actuar sin restricciones externas o impedimentos. Se centra en emplear correctamente el libre albedrío y elegir el bien.

Comporta un sentido de responsabilidad individual y social y se fundamenta en unas reglas éticas. Es actuar en pro del bien propio y común, pero con la posibilidad de poder escoger entre el bien y el mal.

El concepto político de libertad es el derecho de los individuos o comunidades a autogobernarse y vivir sin opresión.

La auténtica libertad está en poder seleccionar las ideas que determinarán nuestras convicciones. Hemos de eliminar las convicciones negativas propias del ego.

El ser humano se vuelve libre en la construcción de su propia personalidad y en las decisiones que toma.

La libertad está aceptada y consagrada en la Declaración Universal de los Derechos Humanos (arts. 3 a 6) firmada en París en 1948, poco después de la Segunda Guerra Mundial. Sus antecedentes están en la Revolución francesa de 1789 y en la abolición de la esclavitud entre los siglos XVIII y XIX.

Los principios de la libertad son los siguientes:

1) Se opone a la opresión de la esclavitud, servitud forzada, coacción, manipulación, chantaje y vigilancia constante.
2) Implica autodeterminación, es decir, derecho a decidir por sí mismo según sus intereses, creencias, opiniones y acciones.
3) Es un derecho humano. Su respeto garantiza la paz, el bien común y el progreso individual y social.
4) Es un acto de responsabilidad. El ser libre es responsable de sus actos y sus consecuencias.
5) Es un valor. Orienta las acciones humanas hacia el diálogo, la comprensión, el respeto y la tolerancia.
6) La libertad tiene unos límites, que son los derechos de la libertad de los demás.
7) Precisa disponer de la información necesaria para tomar las mejores decisiones.
8) Sin libertad no es posible la felicidad.
9) La libertad es imprescindible para mantener la dignidad humana.
10) La libertad garantiza el desarrollo del potencial humano de forma plena y auténtica.
11) Detrás de la dualidad, de los opuestos, está la auténtica libertad. El dualismo es una ilusión.
12) La libertad determina una dinámica vital positiva con empatía, altruismo, justicia, bondad y amor, propia de

los arquetipos (Platón, Kant y Jung). Los arquetipos son unas normas universales que rigen el pensamiento de toda la humanidad y nos indican si nuestros actos son éticos.

13) La libertad es el opuesto al determinismo. El determinismo sostiene que la libertad es una ilusión, puesto que todas las acciones humanas están predeterminadas por causas genéticas o ambientales.

El miedo al cambio

Para conseguir los tres objetivos básicos, salud, felicidad y libertad, es fundamental la mente, que tiene un potencial inmenso.

La mente es el resultado de flujos de energía e información que se extienden por todo el cuerpo. En el cerebro se procesa toda la información, aunque hoy sabemos que también hay redes neuronales en el corazón y en el intestino, capaces de procesar información.

> «Somos lo que pensamos»
> (atribuido a Buda).

El neurofisiólogo austriaco-estadounidense Karl H. Pribram (1919-2015), de la Universidad de Stanford, intentó localizar la zona del cerebro responsable de la memoria. No logró encontrarla, y fue el promotor del concepto holográfico. El cerebro funciona como un holograma. El todo está en cada una de las partes. Los recuerdos y la visión no están en un lugar específico del cerebro, sino distribuidos por todo el cerebro. Las ondas electromagnéticas que condicionan el holograma provocan interferencias y tiene una capacidad de almacenamiento de información inmensa. También explica la memoria asociativa. Podemos concluir diciendo que el cerebro es un gran holograma.

El físico teórico estadounidense David Bohm (1917-1992) propuso, junto a Pribram, una visión holística de la realidad conocida como modelo holográfico. Sugirió que el universo podría comportarse como un holograma gigante, donde cada parte contiene información del todo (Bohm, 2008).

En este marco, nuestro cerebro construiría la realidad a partir de información holográfica. Bohm llegó a especular que la conciencia humana es un fenómeno unitario e interconectado. Son ideas de interpretación teórica.

El mundo objetivo no es real. Es un enorme mar de ondas electromagnéticas que nuestro cerebro convierte en el mundo que objetivamos. Todo es una ilusión. Todo el universo está interconectado, lo que refuerza el modelo holográfico. El cerebro es un fractal dentro de un gran fractal cósmico.

La sociedad procura establecer una educación rígida y estricta que elimina nuestra auténtica identidad. Hemos de formar parte del rebaño. Procura establecer normas educativas formativas evitando el desarrollo integral físico, mental y espiritual del individuo.

En la sociedad actual existe el fantasma del miedo, originado por el ego y provocado por grandes fenómenos, pandemias, guerras, catástrofes climáticas, crisis económicas y hambrunas, que pueden poner en peligro la civilización actual. Está dc moda y es un tema en continua discusión en los medios de comunicación, el cine y la literatura. Se vive pensando en un futuro terrible e incierto.

El miedo condiciona angustia, depresión y tendencia a los populismos; despierta el odio, con pérdida de la empatía, la cordialidad y la solidaridad. En definitiva, pone en peligro la democracia, que precisa conciliación y diálogo.

El miedo transforma la sociedad en dócil y fácilmente manejable. Se teme la libre expresión, incluso el pensar. Hay un conformismo general.

Donde hay miedo, es imposible la libertad y la felicidad, son incompatibles. Una sociedad con miedo es una sociedad encarcelada.

El miedo roba el futuro y hace perder el sentido de la acción, paraliza.

La esperanza es la que puede proporcionar nuevamente la ilusión de la acción, la audacia del vivir. Nos lanza a lo desconocido, a la búsqueda de la novedad. Como afirma el filósofo y teólogo Byung-Chul Han (1959), la esperanza es aún más fuerte cuando la desesperanza parece imponerse (Han, 2024). Nuestra sociedad está en crisis. Hay una pérdida de valores que ocasiona que la codicia impere sobre la generosidad. La gente piensa solo en enriquecerse de manera rápida y sin esfuerzo. Falta motivación.

Para cambiar nuestra sociedad se precisa una masa crítica suficiente, conocedora de nuestra realidad existencial, capaz de oponerse y frenar el gran egocentrismo que impera.

2

Supraconciencia

La Iglesia controló la cultura hasta la Edad Media e hizo una gran labor de difusión y conservación del legado grecolatino. Según sus principios teológicos, las situaciones no explicables con los conocimientos de la época se atribuían a la divinidad.

A partir del Renacimiento, la humanidad buscó la justificación de las leyes naturales con la observación y el razonamiento lógico, desarrollándose el método científico. La Iglesia intentó mantener su ideología incluso con la violencia, a través de la Inquisición.

El siguiente ejemplo demuestra la situación beligerante que se estableció.

Aristóteles demostró que la Tierra es redonda. Ptolomeo (100-170), astrónomo, geógrafo y matemático, creía que era esférica, estaba inmóvil y ocupaba el centro del universo. El Sol, la Luna y los planetas giraban a su alrededor. Nicolás Copérnico

(1473-1543), astrónomo, con su modelo heliocéntrico, consideró que el Sol era el centro y la Tierra giraba a su alrededor. Galileo Galilei (1564-1642), físico, matemático y filósofo, mejoró el telescopio y demostró que Copérnico tenía toda la razón. La Iglesia se opuso vigorosamente a la posición de Galileo, que fue juzgado en Roma por la Inquisición y sentenciado a arresto domiciliario, pudiendo salvar la vida. Galileo introdujo las bases del método científico, que a partir de aquel momento se fue consolidando. El monje Giordano Bruno (1548-1600) fue quemado en la hoguera por sus aportaciones en astronomía. Johannes Kepler (1571-1630), astrónomo y matemático, describió las órbitas de configuración elíptica.

A partir del Renacimiento, el ser humano busca una explicación de los fenómenos naturales de manera racional. No acepta imposiciones sin razonamiento. Siguiendo los pasos de Galileo Galilei como introductor de las bases, se desarrolla el método científico, sustituyendo a la espiritualidad, el misticismo y el chamanismo como fuentes de verdad.

En el desarrollo del método científico hay que citar a Roger Bacon (1220-1292), que potenció la experimentación. La prueba de todo conocimiento es el experimento, único juez de la verdad científica.

René Descartes (1596-1650), matemático y filósofo, considerado el padre de la filosofía moderna y del racionalismo, valoró la razón como medio para llegar a la verdad. Fue uno de los más importantes impulsores del método científico en el siglo XVII. A su vez, Isaac Newton (1642-1727) introdujo el cálculo matemático en el método científico.

El método científico se consolida hasta nuestros días. Se fundamenta en una ontología materialista, alejándose cada vez más de toda trascendencia y divinidad. Ciencia, espiritualidad y religión se separan definitivamente, estableciéndose un abismo entre ellas.

El método científico es un conjunto de normas que se siguen para producir conocimiento con rigor y validez. Se basa en observación —como dijo el físico teórico Richard Feynman (1918-1988), deberíamos estar atentos a lo que vemos y pensar en ello (Feynman, 2005)—, inducción, hipótesis, experimentación y teoría. Investiga las leyes naturales para poder reproducirlas en el laboratorio, con resultados similares.

Sus principios son:

1) Hay una realidad externa objetivable.
2) Las propiedades objetivables se pueden definir con parámetros.
3) Las leyes de la naturaleza objetivables tienen una base matemática.

Los aspectos fundamentales para considerar en el método científico son:

- **Monismo materialista.** Considera la materia como el elemento estructural básico del universo.
- **Valora y estudia el mundo macroscópico.** Su campo de acción es el mundo real, macroscópico y objetivable, término ya introducido por Aristóteles.
- **Establece un claro dualismo.** Existe una clara separación entre el observador y el objeto.
- **Los objetos son reales.** Todo se puede definir con parámetros, son reales y siguen la ley de causa-efecto. Es el principio de localidad.

- **Determinismo.** El ser humano se encuentra en el universo como un simple observador. Todo depende de las leyes naturales, sobre las que no puede influir. El mundo físico evoluciona en el tiempo según principios o reglas totalmente predeterminados, y el azar es solo un fenómeno aparente. El universo se rige por cuatro leyes: gravedad, electromagnética, nuclear fuerte y nuclear débil.

El método científico valora estructuralmente al ser humano como cuerpo, que es materia, y mente, con todas sus funciones, emociones, sentimientos, pensamientos, recuerdos, memoria, aprendizaje y conciencia, funciones anímicas sin un sustrato material, por lo que son consideradas como un epifenómeno de la materia, del cerebro. Las funciones anímicas son el resultado de la actividad metabólica de las neuronas, de las reacciones bioquímicas entre moléculas en las células cerebrales.

La ciencia concibe el organismo humano como una máquina que se autorregula controlada por el cerebro y los genes, por ondas electromagnéticas nerviosas y elementos bioquímicos a través del aparato circulatorio.

Esta falta de base material de las funciones anímicas determinó que el propio Descartes aconsejara que fueran estudiadas por otras disciplinas como la filosofía, la religión y la metafísica.

Descartes definió la vida con una famosa frase que ha pasado a la historia: «Pienso, luego existo» (Descartes, 2011). Es indudable que esta definición se adapta perfectamente a la concepción y la dinámica del método científico. Pero también es bien cierto que podemos deducir esta conclusión: la muerte física supone, por la segunda ley de la termodinámica, que todo tiende al desorden, a la entropía. Con la muerte neuronal, se deja de pensar y, por tanto, de existir. Según el método científico, la muerte física supone el fin de nuestra existencia.

La pregunta que nos hacemos es: si no hay conciencia local o neuronal, ¿cómo son posibles las experiencias próximas a la muerte que coinciden con la muerte clínica, en la que está demostrada una falta de actividad neuronal?

La conciencia la podemos definir como el conocimiento de nuestra existencia, de nuestras reflexiones y nuestros actos. La conciencia nos permite saber en todo momento quién soy, qué pienso, qué hago y en qué entorno me muevo.

La experiencia consciente es perfectamente coherente, integrada y unitaria. Hay una perfecta sincronización cerebral. La actividad cerebral no tiene localidad. El cerebro actúa como un todo, un fractal.

La conciencia nos permite tomar decisiones racionales en relación con nuestra concepción existencial y el entorno. Para conseguir lo que deseamos, debe haber una coherencia entre el pensamiento y el sentimiento subconsciente.

Existen argumentos para asegurar que la conciencia humana implica un tipo de creatividad no reducible a algoritmos, algo que las inteligencias artificiales (IA) actuales no pueden replicar. El físico Roger Penrose (1931) sostiene que el entendimiento de ciertas verdades matemáticas y creativas por nuestra mente no es algorítmico, por lo que un ordenador jamás lo alcanzaría siguiendo solo reglas formales. Esta visión sugiere que la inteligencia artificial, al operar de forma estrictamente computacional, tiene limitaciones fundamentales para emular la creatividad consciente humana. La validez de esta afirmación depende de cómo evolucione la inteligencia artificial.

Al recoger el Nobel de Física en 2020, Penrose expuso que, para que la física teórica avance, se precisa un mayor estudio en profundidad de la conciencia.

La mayor parte del procesamiento cerebral ocurre de manera inconsciente, dejando solo una fracción menor a la conciencia. Por ejemplo, se estima que nuestros sentidos envían alrededor de 11 millones de bits de información por segundo al cerebro, de los cuales solo unos 50 bits por segundo llegan a la mente consciente. Esto implica que más del 99 % de la actividad cerebral sucede fuera de la conciencia, lo que ilustra la enorme influencia de subconsciente en nuestro día a día.

> La conciencia se acompaña de autoconciencia, como un espejo donde se refleja si nuestras decisiones son éticas o no.

Existe una conciencia local o neuronal, resultante de la actividad metabólica, de las reacciones bioquímicas en las neuronas. Prueba de ello es que, si inhibimos las neuronas, desaparece la conciencia, por ejemplo, durante el sueño o con la administración de un anestésico general, ya sea por vía endovenosa o inhalatoria, que produce una inhibición reversible neuronal.

Algunos planteamientos filosófico-psicológicos sugieren que, además de la actividad cerebral individual, podría existir una conciencia colectiva que influye en la mente. Sin embargo, desde el punto de vista neurocientífico actual, la conciencia de una persona se entiende como resultado de procesos internos del cerebro. No se ha demostrado empíricamente la existencia de una fuente externa colectiva de la conciencia individual.

El antagonismo existente entre la ciencia, por un lado, y la metafísica y la trascendencia, por otro, es decir, entre materia y espíritu, se debe a que los fenómenos trascendentes no se pueden demostrar experimentalmente en el laboratorio. Pero tampoco la ciencia ha podido demostrar que las experiencias trascendentes sean falsas.

La neurociencia fundamentada en el método científico atribuye las experiencias cercanas a la muerte a alucinaciones, alteraciones del metabolismo, de la bioquímica neuronal, a consecuencia del sufrimiento neuronal que condiciona el paro cardiaco.

El paro cardiaco provoca anoxia, hipercapnia, hiperpotasemia y acidosis metabólica.

El cerebro, con un peso de entre 1300 y 1450 gramos, lo que supone un 2 % del peso corporal, consume el 20 % de la energía corporal. Obtiene la energía a partir de la glucosa que entra en el ciclo de Krebs con el acetil coenzima A, una molécula intermedia del metabolismo de proteínas, glúcidos y lípidos.

Las neuronas, a diferencia del músculo, no tienen reserva de glucosa en forma de glucógeno, motivo por el cual son muy sensibles a la falta de su aporte a través de la circulación.

Las partes más sensibles del cerebro a la falta de oxígeno son las neuronas del córtex, hipocampo, tálamo y ganglios basales. El tronco cerebral es más resistente a esa situación.

La falta de oxígeno provoca una destrucción de las sinapsis o conexiones neuronales y su muerte en pocos minutos. Hay una destrucción dc la membrana celular y trasmineralización con paso de calcio, formación de radicales libres y destrucción de las proteínas celulares.

Clínicamente, la falta de oxígeno provoca la pérdida de la conciencia, de los reflejos y de la respiración. Corresponde al cuadro de muerte clínica.

Si se instauran rápidamente las medidas de reanimación cardiorrespiratorias, con masaje cardiaco, ventilación pulmonar mecánica con oxígeno al 100 %, sincronizada con el masaje cardiaco, punción intracardiaca con adrenalina para estimular la contractibilidad cardiaca, bicarbonato al 1 molar para compensar la acidosis metabólica y descargas con el desfibrilador (DEA), podemos recuperar a algunos pacientes y volverlos a la vida.

Algunos de los pacientes recuperados refieren una serie de vivencias que coinciden con el tiempo de muerte clínica y que definimos como experiencias cercanas a la muerte (ECM).

Hipótesis sobre las alucinaciones

El método científico define las ECM como alucinaciones y propone varias hipótesis para explicar su fisiopatología:

1) El responsable sería el tronco cerebral, con la finalidad de evitar el dolor y el sufrimiento terminal, como una estrategia de muerte fingida que utilizan los animales inferiores. Se rebate fácilmente, puesto que las vivencias son muy sofisticadas y el neocórtex no está funcionante.
2) Se podría tratar de una visión psicodélica generada por algún fármaco administrado, pero tampoco es aceptable, pues estos fármacos interactúan con receptores del neo-

córtex y este no se encuentra funcionante. En nuestros pacientes no se administra ningún fármaco capaz de generar una visión psicodélica.

3) Una intrusión al sueño REM, pero no es aceptable, pues los neurotransmisores como la serotonina (5-hidroxitriptamina) interactúan con receptores del neocórtex, que no está activo.
4) Se ha responsabilizado a la DMT (N,N-dimetiltriptamina), segregada por la glándula pineal en las situaciones de agresión cerebral. La DMT, similar a la serotonina (5-hidroxitriptamina), puede generar estados alucinatorios sumamente intensos. Tampoco es aceptable, puesto que los alucinógenos afectan el neocórtex y durante la muerte clínica no está operativo.
5) Otra hipótesis es la del «fenómeno de reinicio». Consiste en unas vivencias que estarían previamente en el sistema límbico, a nivel de la amígdala lateral, y que resurgirían cuando el neocórtex se desconecta, como el reinicio de un ordenador. Por la complejidad de las vivencias, no es aceptable.
6) Un bloqueo provocado por el neurotransmisor glutamato, que tiene un efecto excitante neuronal similar al de la ketamina, un anestésico alucinatorio. Las alucinaciones que provoca son desagradables, caóticas y no tienen ninguna relación con las vivencias de las ECM.
7) Preservación de alguna parte aislada del neocórtex, pero es rebatible, puesto que la situación de mala perfusión y anoxia afecta por igual a todo el cerebro, es generalizada.
8) Una epilepsia del lóbulo temporal.

9) Las alucinaciones en la clínica humana están producidas por sustancias químicas, drogas y especialmente durante los brotes psicóticos en la esquizofrenia. No existen estos antecedentes en los pacientes con ECM.
10) Los psicólogos atribuyen las ECM a una respuesta sofisticada al proceso catastrófico cerebral que supone la muerte clínica.
11) Se ha atribuido una base genética a las ECM, por la existencia de casos en gemelos.
12) Las endorfinas y encefalinas, neurotransmisores opioides que se liberan durante el estrés, en momentos próximos a la muerte, serían los responsables de la sensación de tranquilidad, bienestar y gozo que experimentan los pacientes de las ECM.
13) Se ha considerado que las situaciones de anoxia cerebral provocarían una desinhibición neuronal, rompiendo el delicado equilibrio neurológico y provocando una actividad similar a la de las convulsiones.
14) Una reducción del neurotransmisor GABA (ácido gamma aminobutírico), un potente inhibidor de la excitabilidad neuronal.

Ninguna de todas estas hipótesis está totalmente confirmada. No existe una teoría que asegure la fisiopatología de las alucinaciones. Todo son propuestas vagas que intentan relacionar la actividad cerebral con la conciencia, con la experiencia mental.

El método científico tampoco tiene una justificación sobre el origen de los fenómenos anímicos. Desconocemos por qué la reacción bioquímica entre moléculas en las neuronas, que son partículas materiales, da como resultado fenómenos anímicos sin sustrato material.

Los materialistas recalcitrantes, con una mente formada a partir de los prejuicios que implica la adhesión a un determinado sistema de creencias, afrontan estas cuestiones de manera dogmática, con conclusiones prematuras. Entre los partidarios de la postura materialista parece existir un miedo irracional a aceptar la existencia de una conciencia fuera del cerebro.

«La manera más eficaz de evitar el descubrimiento de la verdad es la opinión preconcebida y el prejuicio» (Schopenhauer, 2023).

Cuanto más aprendemos sobre la estructura y la biología del cerebro, más evidencias tenemos de que este no crea la conciencia.

Si comparamos la clínica de las alucinaciones con la de las ECM, podemos observar que son totalmente distintas:

- Los factores desencadenantes son diferentes. Ya los hemos comentado en las alucinaciones: sustancias químicas, drogas y brotes psicóticos. En las ECM, siempre es una situación de muerte clínica (en mis pacientes, en la especialidad de cirugía general y del aparato digestivo, provocada por traumatismos graves, hemorragias con situaciones de anemia aguda, *shock* séptico, *shock* anafiláctico y perioperatorias en intervenciones quirúrgicas complejas).

- Las ECM tienen una estructuración lógica. La secuencia de vivencias que refieren es perfectamente lógica. Los pacientes insisten en que son reales, totalmente distintas a los sueños. Las alucinaciones son absurdas, no tienen sentido.
- En las ECM se repiten los fenómenos más importantes en todos los pacientes. Hay unos ítems comunes. Las diferencias entre las ECM de los pacientes son más de matiz que de aspectos conceptuales. Sí que puede cambiar de un paciente a otro la manera de expresarse, dependiendo de su nivel cultural y sus creencias. Las alucinaciones son totalmente distintas en cada paciente. No tienen nada en común ni tienen ninguna relación.
- Los pacientes recuerdan durante toda su vida la ECM. Durante su seguimiento, he podido comprobar que incluso aumenta su recuerdo, hasta el más mínimo detalle, con el tiempo. No ocurre lo mismo en las alucinaciones. Los pacientes las olvidan rápidamente, incluso les da vergüenza recordarlas. Son conscientes de su absurdidad.
- Las ECM condicionan un profundo impacto psicológico en el paciente, especialmente en su concepción existencial, que varía, determinando un cambio importante en su dinámica vital, en su rol vital. Las alucinaciones no influyen en nada, puesto que son rápidamente olvidadas.

La conclusión es evidente: las ECM tienen una clínica totalmente distinta a las alucinaciones. Son dos fenómenos anímicos diferentes.

Las experiencias extracorpóreas son otro fenómeno anímico que merece ser comentado al hablar de las ECM.

Experiencias extracorpóreas

La experiencia extracorpórea es la sensación de salir del propio cuerpo y estar flotando en el aire. Algunos casos se acompañan de autoscopia, la posibilidad de verse desde fuera, lo que genera una gran sorpresa.

También se denominan desdoblamiento o viaje astral.

Suelen presentarse en estado consciente y pueden empezar en la infancia. Aparecen tanto de manera espontánea o provocadas voluntariamente como en situaciones de estrés.

También pueden producirse en estados inconscientes, como en el sueño lúcido, cuando la persona dormida es consciente de estar soñando.

Es difícil hacer una valoración científica de este fenómeno, por no disponer de medios para comprobarlo.

La visión neurocientífica los califica de alucinación con intervención de factores psicológicos y neurológicos.

Entre sus mecanismos desencadenantes destacan los siguientes:

- Aparición espontánea.
- Por estimulación electromagnética.
- Por sustancias químicas, como la ketamina (un anestésico alucinógeno), la dimetiltriptamina (DMT) o ayahuasca, la metanfetamina, el LSD (la droga más potente, se obtiene a partir de un hongo del centeno) o la mescalina (un alcaloide del cactus peyote).

- Por estimulación eléctrica a nivel de la unión temporoparietal. Durante la extirpación de tumores con estimulación del precúneo, una zona del lóbulo parietal superior, oculto en la fisura longitudinal media, entre los dos hemisferios cerebrales. Se relaciona con el surco cingulado y el parietoccipital. Está involucrado con la memoria episódica y el ego.

El neurocirujano Wilder Penfield (1891-1976), estimulando eléctricamente la superficie del cerebro para localizar zonas afectadas en epilépticos, con pacientes localmente anestesiados pero despiertos, concluyó que no hay suficiente evidencia de que el cerebro por sí solo explique la mente.

En mi experiencia personal, que coincide con la de otros autores actuales como Raymond Moody, Bruce Greyson, Eben Alexander, Pin van Lommel, Sam Parnia y Michael Sabom, entre otros, las ECM tienen unas características propias que las diferencian de las alucinaciones por experiencias extrasensoriales:

- Transferencia de información con toda exactitud, independiente del espacio y el tiempo. Una paciente a la que atendí con muerte clínica por un grave accidente pertenecía al personal sanitario de mi hospital. Al describirme su ECM, como nos conocía, identificó con nombre y apellidos a los miembros del equipo que la reanimamos. También describió con toda clase de detalles lo que estaba acaeciendo en el Servicio de Urgencias en aquellos momentos. Puedo certificar que es totalmente cierto, puesto que yo mismo lo comprobé posteriormente.
- Facilidad para atravesar estructuras sólidas.

- Contactar con seres que definen de luz, que los orientan y ayudan.
- Encontrarse con familiares o amigos ya fallecidos, provocándoles una gran alegría.
- Capacidad de descubrir acontecimientos de su vida que desconocían totalmente y que conocieron durante la ECM, al contactar con seres ya fallecidos.
- Visualizar una intensa luz que les produce una gran sensación de paz, gozo y sobre todo amor, con una intensidad jamás vivenciada en la dimensión humana.
- Visión de los hechos más importantes de su vida, pasados, presentes y en ocasiones futuros, todo siempre en presente.
- La posibilidad de decidir su regreso a la dimensión humana.
- Durante el viaje astral, frecuentemente relatan sensaciones como comunicación telepática de pensamientos, la ausencia de limitaciones espaciales (desplazamientos instantáneos) y la impresión de que solo existe un presente. Estas sensaciones son comunes en testimonios y son manifestaciones subjetivas.
- Las ECM se presentan en pacientes en estado de muerte clínica, es decir, en paro cardiaco, paro respiratorio, arreflexia y sin actividad mental con electroencefalograma plano. El córtex está desconectado, por lo que no son posibles actividades intelectivas ni racionales.
- La práctica de una resonancia magnética funcional a pacientes que han presentado una ECM, mientras la comentan con toda clase de detalles, manifiesta una activación del lóbulo occipital al describir un objeto que vieron durante la ECM y motivó su interés. Significa que condicionó su memoria a través de las neuronas espejo, pudiendo afir-

mar que el paciente no miente, realmente vio el objeto que describe.

- Los pacientes en general son totalmente desconocedores del fenómeno antes de producirse la experiencia cercana a la muerte. Hay casos de pacientes con ECM recidivantes.
- El impacto psicológico que condiciona a los pacientes, especialmente en su concepción existencial, determina un nuevo rol vital.
- Tenemos pruebas objetivas certificadas y pruebas con base científica que nos permiten afirmar que las ECM son reales. Esto sugiere que existe una conciencia no local o Supraconciencia, que tiene continuidad fuera del cerebro.

Experiencias cercanas a la muerte

Las experiencias cercanas a la muerte (en inglés, *near-death experiences, NDE*) son unas vivencias, generalmente lúcidas, que presentan personas en situación próxima a la muerte o que han estado en muerte clínica por diversas causas y han sobrevivido.

El psiquiatra Bruce Greyson (1946), profesor en el Sistema de Salud de la Universidad de Virginia, aborda los aspectos más relevantes de las ECM y explica que estas experiencias tienen en común la percepción de haber salido del propio cuerpo y haber ido más allá del tiempo, del espacio y de uno mismo: una sensación de trascendencia (Greyson, 1983).

He desarrollado la mayor parte de mi actividad profesional como cirujano general y del aparato digestivo, muy polarizado hacia la cirugía oncológica, en el Hospital Universitario de Bellvitge, en la localidad barcelonesa de L'Hospitalet de Llobregat.

Por tratarse de un hospital de alta especialización, la mayoría de nuestros pacientes presentan patologías complejas y graves que ponen en compromiso su situación vital. Son pacientes con patologías benignas complejas, neoplasias, o bien para trasplante.

La atención de estos pacientes me ha permitido vivir desde muy cerca el profundo dolor físico y anímico de mis pacientes y de sus familiares, y también la muerte. Esta proximidad ha condicionado mi interés en esta importante etapa de la vida, no solo en su núcleo, sino también en su entorno.

El gran objetivo del médico es curar. No siempre es posible; con el tratamiento paliativo intentamos alargar la vida del enfermo con la máxima calidad, pero siempre debemos consolar al paciente y a sus familiares.

A lo largo de mi vida profesional, he atendido a pacientes diagnosticados de muerte clínica, por diversas causas, en el ámbito quirúrgico: situaciones de anemia aguda, traumatismos graves, *shock* séptico, *shock* anafiláctico y complicaciones graves perioperatorias.

Ante esas situaciones se precisa una actitud terapéutica activa y rápida, para restablecer las funciones vitales cuanto antes. En la actualidad, las medidas de reanimación cardiorrespiratorias están perfectamente estandarizadas, permitiendo recuperar al 33 % de los pacientes si se inician las maniobras en el primer minuto. Pasado el primer minuto, solo se consigue devolver la vida al 14 %.

Son pacientes en paro cardiaco, paro respiratorio, sin reflejos y sin actividad mental confirmada en el electroencefalograma.

De los pacientes recuperados, vueltos a la vida, algunos manifestaron haber vivenciado unas experiencias, coincidiendo con la muerte clínica, que definimos como experiencias cercanas a la muerte (ECM).

Voy a describir completa la experiencia cercana a la muerte de una de mis pacientes, con la particularidad de que se trataba de una sanitaria que trabajaba en nuestro hospital y que conocía muy bien al equipo reanimador que la atendió.

La paciente, que me ha autorizado a explicar su caso, sufrió un grave accidente de circulación. Fue trasladada al Servicio de Urgencias de mi hospital, estando yo de jefe de guardia aquel día.

Durante el traslado en ambulancia al Servicio de Urgencias, la paciente presentó un paro cardiorrespiratorio. El diagnóstico de ingreso fue muerte clínica postraumática.

Se iniciaron de inmediato las medidas de reanimación cardiorrespiratorias. Una paracentesis abdominal permitió confirmar la sospecha de anemia aguda por hemoperitoneo. Se administraron sangre y líquidos para compensar la hipovolemia.

A los pocos minutos, después de unas extrasístoles ventriculares, se restableció el ritmo cardiaco sinusal. Recuperado el estado hemodinámico, intervine a la paciente de urgencia, a través de una laparotomía media. Se confirmó un gran hemoperitoneo por lesión esplénica y hepática. Controlados los focos hemorrágicos, la paciente se estabilizó en su hemodinamia. La práctica de una tomografía axial computarizada (TAC) craneal demostró imágenes de contusión cerebral. La paciente pasó a la unidad de cuidados intensivos para su control posoperatorio y del traumatismo craneal.

A los seis días, la paciente se despertó sin evidenciar secuelas neurológicas.

Fue intervenida por el equipo de traumatología de sus fracturas.

Finalmente, fue trasladada a mi servicio de Cirugía para finalizar el periodo posoperatorio.

Conocedor de otros casos de ECM, conseguí que la paciente me explicara lo que había vivenciado durante el periodo de muerte clínica. No fue fácil en un principio, puesto que los pacientes son reacios a comentar estas experiencias por miedo a la incomprensión. A continuación, recojo su descripción de la ECM en primera persona, tal y como ella me la explicó, y añado mis apuntes entre corchetes.

Lo primero que noté fue la salida de mi cuerpo y, desde una posición elevada, pude ver lo que ocurría en mi entorno. [La autoscopia es un rasgo propio de las ECM]. Estaba muy sorprendida y no entendía qué me estaba ocurriendo. Mi sorpresa fue aún mayor cuando pude observar a una serie de sanitarios que hacían maniobras sobre mi cuerpo.

Reconocí al doctor Manuel Sans, que me hacía masaje cardiaco; al anestesista que me intubó; a la doctora de hematología, quien me transfundía sangre; y al traumatólogo, que me inmovilizaba una extremidad. [Ya comenté que la paciente era sanitaria de nuestro hospital y nos conocía a todos].

Intenté ponerme en contacto con usted, pero no me fue posible con los medios habituales de comunicación. Me acerqué y, al intentar tocarlo, mi sorpresa fue muy grande: pasé a través de su cuerpo.

Personalmente debo comentar que yo no noté nada en absoluto.

Pasé con toda facilidad la pared y pude ver todo lo que acontecía en las distintas dependencias del Servicio de Urgencias.

Contacté con unos «seres de luz» que me tranquilizaron y ayudaron. Comencé a vivenciar una sensación de paz, gozo y tranquilidad.

Tuve una gran alegría, contacté con mi madre, ya fallecida y con la que había estado muy unida afectivamente. Nos abrazamos y nos comunicamos a través del pensamiento.

Escuché una música suave y sumamente agradable.

Después de una zona oscura, vi una luz intensa, que me condicionó una sensación de paz, gozo y especialmente amor como jamás había vivenciado. Falta terminología en nuestro lenguaje para poder expresar la intensidad de las emociones que vivencié.

Vi, como si fuera en una pantalla, las imágenes de mi vida.

Encontrándome en ese estado tan placentero, los seres de luz me indicaron que debía volver a la dimensión humana, para terminar mi ciclo vital tridimensional. Yo deseaba quedarme ante tanta felicidad.

La entrada en mi cuerpo se produjo con cierta brusquedad.

Cuando terminó su relato, me miró fijamente y añadió: «No se imagina la felicidad que se vivencia en la otra dimensión, no hay palabras para expresarlo. El auténtico valle de lágrimas está en este lado, en la dimensión humana. La muerte no existe, contacté con mi madre».

Finalmente, para concluir, me dijo: «Me ha hecho una mala pasada reanimándome, yo no quería volver».

Después de comentarme su ECM, me dirigí al Servicio de Urgencias donde la atendimos. Consulté los ordenadores, hablé con el personal y puedo certificar que todo lo que me comentó la paciente es auténticamente real.

He de confesar que despertó en mí gran sorpresa e interés la forma en que los pacientes comentan las ECM, con toda clase de detalles y siempre insistiendo en que son reales y bien distintas a los sueños. También me llamó mucho la atención el que coincidieran con la muerte clínica, sin actividad mental. Decidí iniciar una profunda investigación, consciente de que el entorno médico no era muy favorable en aquellos momentos.

La formación como médico que recibí en la Facultad de Medicina de la Universidad de Barcelona se fundamentaba en el método científico cartesiano newtoniano. El mismo que inculco a mis estudiantes de Medicina y Odontología, y a mis residentes que están haciendo la especialidad en Cirugía General y del Aparato Digestivo en mi servicio.

El método científico establece un abismo entre ciencia y metafísica. No acepta aspectos trascendentes al fundamentarse en una ontología materialista. La valoración estructural del ser humano, según el método científico, consiste en cuerpo, materia y mente, con las funciones anímicas (emociones, sentimientos, pensamientos, recuerdos, memoria, capacidad de aprendizaje y conciencia) calificadas como un epifenómeno de la materia, el cerebro.

Recordemos el «Pienso, luego existo» de Descartes. Con esta visión materialista, la muerte supone el fin de nuestra existencia. Con la muerte termina todo.

Resulta lógico que el método científico considere las experiencias cercanas a la muerte como alucinaciones, motivadas por profundos trastornos metabólicos y bioquímicos de las neuronas, sumamente sensibles a la falta de irrigación sanguínea que comporta el paro cardiaco.

Por tener profundas dudas sobre la definición de las alucinaciones, decidí iniciar el estudio de las ECM.

Hice una amplia revisión bibliográfica y consulté con expertos en otras disciplinas: psiquiatras, psicólogos, neurólogos, neurorradiólogos, físicos teóricos, filósofos occidentales y teólogos cristianos, llegando a las siguientes conclusiones:

1) Las ECM son un fenómeno muy frecuente. Son miles los casos descritos en la bibliografía.
2) Hay referencias de ECM a lo largo de la historia de la civilización humana. Platón (427-347 a. de C.), en la *República*, cita el caso del soldado armenio Er: herido gravemente durante un combate y considerado muerto, se recuperó en el último instante antes de ser incinerado, comentando una experiencia cercana a la muerte.
3) Existe un gran interés en el estudio de las ECM. Son numerosos los centros y hospitales universitarios interesados en ellas. Se han efectuado estudios retrospectivos, prospectivos y multicéntricos y los hay en la actualidad en curso.
4) Son muy numerosos los autores involucrados en el estudio de las ECM. Citaré algunos de ellos: E. Kübler Ross, R. Moody, B. Greyson, M. Morse, M. Sabom, S. Parnia, P. van Lommel, E. Alexander y J. M. Gaona.
5) No existen diferencias en cuanto a la edad, sexo, raza, creencias religiosas y posición socioeconómica.
6) Las creencias religiosas y el nivel cultural influyen en la descripción de las ECM.

7) Las ECM tienen una estructuración lógica. Los pacientes insisten en que son vivencias totalmente reales y ciertas, bien distintas de los sueños.
8) Los fenómenos fundamentales se repiten en todos los enfermos. Hay unos ítems comunes en todas las ECM. Bruce Greyson describe dieciséis de ellos. Las diferencias entre las ECM son más de matiz que conceptuales. No siempre las ECM son completas, pueden presentarse en modalidades parciales
9) Los pacientes se acuerdan toda la vida de su ECM. De hecho, incluso cuanto más tiempo transcurre, más presente está en su mente.
10) Condicionan un impacto psicológico muy profundo, especialmente sobre su concepción existencial, determinando un cambio en su dinámica vital, en su rol vital.
11) Los pacientes insisten en que el fenómeno de las ECM es totalmente distinto de los sueños. Podemos añadir que todo sueño requiere la existencia de actividad mental, aspecto que no se produce en las ECM.

He controlado a estos pacientes durante tiempo en consultas externas, para poder comprobar el impacto psicológico a lo largo del tiempo, que comentaré ampliamente más adelante.

Las ECM son un fenómeno con entidad propia, bien definida y sumamente frecuente. La existencia de miles de ECM con unas características comunes y propias, totalmente desconocidas por los pacientes antes de vivenciarlas, nos permite deducir que existe una relación causa-efecto bien definida que el método científico no nos permite conocer.

El método científico estudia el mundo macroscópico, objetivo, realista, con dualismo, localidad, una fuerte tendencia racionalista y la suposición de que todo puede explicarse racionalmente, pero no permite explicar la fisiopatología de las experiencias cercanas a la muerte. No obstante, existen pruebas objetivas certificadas que nos permiten afirmar que las ECM son ciertas.

Existen una serie de vivencias trascendentes en las experiencias cercanas a la muerte, no objetivables y por tanto fuera del campo del método científico.

La física cuántica, disciplina desarrollada en los siglos XIX y XX, estudia los átomos y las partículas subatómicas. Es un mundo microscópico.

El filósofo griego presocrático Demócrito (460-370 a. de C.) postuló que toda materia está compuesta por pequeños elementos indivisibles que denominó átomos.

Las partículas subatómicas que forman los átomos no son visibles. La cuántica estudia sus efectos e interacciones. Los resultados se expresan en fórmulas matemáticas. Las matemáticas son el lenguaje de la física teórica y permiten establecer teorías, modelos y predicciones de la existencia de partículas aún no descubiertas.

Las partículas subatómicas operan en el nivel más elemental del universo y son responsables de las propiedades y los comportamientos de toda la materia.

La física cuántica establece como elemento estructural del universo la energía y no la materia. La energía tiene dos propiedades: 1) ni se crea ni se destruye, se transforma en distintas modalidades (potencial, cinética, calorífica, etcétera); 2) está en constante vibración, propagándose en ondas electromagnéticas distintas de las ondas mecánicas. No requieren un medio de propagación y están formadas por campos eléctricos y magnéticos que se propagan en el vacío a una velocidad próxima a la de la luz, unos 299 792 km/s.

Toda energía es información.

Max Planck, premio nobel en 1918, es considerado el padre de la teoría cuántica, que proporcionó un nuevo campo de la física, conocido como mecánica cuántica. La energía solo puede ser múltiplo de una unidad elemental. Así, $E = h \cdot v$, donde h es la constante de Planck y v, la frecuencia de la onda. A mayor frecuencia, mayor energía.

Se comprobó que las ondas van en paquetes o cuantos (del latín *quantum*), la unidad más pequeña de energía transferible. Nace así en 1900 la física cuántica, el mayor éxito intelectual en la carrera de Planck.

La teoría cuántica solo permite cálculos de probabilidad de las características de las partículas elementales, entendidos en funciones de onda y expresados en la ecuación de onda de Schrödinger (1887-1961), que predice analíticamente la probabilidad precisa de los eventos.

La ecuación de Schrödinger, bajo ciertas aproximaciones, permite asemejar la ecuación de ondas a una partícula clásica y llegar a la segunda ecuación de Newton: $F = m \cdot a$ (fuerza es igual a masa por aceleración). Esto quiere decir que la ecuación de Newton, que es puramente experimental y sigue las leyes clásicas del movimiento y el determinismo, se puede deducir directamente de una ecuación extraída de un contexto completamente distinto: la descripción de la dinámica de la ecuación de onda. Es decir, la ecuación de Newton es un caso particular de la ecuación de Schrödinger y, por ende, la física clásica está recogida como un caso particular de la mecánica cuántica que aparece cuando se toman aproximaciones adecuadas.

Al introducirnos en la mecánica cuántica, hemos de cambiar la mentalidad del método científico. Richard Feynman, premio nobel en 1965, expresó esta dificultad comentando que cualquiera que dijera que comprende la física teórica, estaría diciendo una mentira (Feynman, 1965).

En un encuentro con el actor Charles Chaplin, Albert Einstein le comentó lo extraordinario que era por conseguir que todo el mundo lo entendiera sin decir una sola palabra. Hacía referencia a sus películas mudas. Chaplin le contestó que le parecía todavía más extraordinario que Einstein pudiera hablar extensamente sobre mecánica cuántica y nadie consiguiera entenderlo. Este hecho es histórico.

Veamos a continuación los principios fundamentales de la física teórica:

- **Principio de superposición de estados,** enunciado por Louis-Victor de Broglie (1892-1987), premio nobel de física en 1929. Comprobó que las partículas subatómicas pueden encontrarse en varios lugares al mismo tiempo y pueden manifestarse como onda (energía) y como partícula (materia). Partícula y onda son los dos extremos de un mismo elemento: la energía. La hipótesis de De Broglie fue finalmente confirmada por el experimento de difracción de electrones, realizado por Davisson y Germer en 1927. Este experimento demostró la naturaleza ondulatoria de los electrones, es decir, que estos pueden comportarse como ondas.

- Niels Bohr (1885-1962), premio nobel en 1922 por sus aportaciones a la física teórica, se basó en el conocido experimento de la doble rendija de Thomas Young: al pasar un flujo de electrones a través de la doble rendija, se manifestaba en la pantalla, como era de esperar, como ondas con interferencia entre ellas. Sin embargo, cuando lo medía, es decir, cuando intervenía una conciencia, el flujo de electrones se manifestaba en la pantalla como partículas. Llegó a la conclusión de que la conciencia tiene la capacidad de transformar la onda de energía en partícula de materia. Este fenómeno es conocido como **«colapsar la energía»**.

  Bohr también describió su modelo atómico, en el que los electrones giran alrededor del núcleo del átomo en órbitas circulares con ciertos niveles de energía, pudiendo absorber un fotón al alejarse del núcleo o liberarlo al acercarse (Bohr, 1964).

  Eugene P. Wigner, premio nobel de física en 1963, y el matemático John von Neumann (1903-1957) afirman que, en mecánica cuántica, hay que considerar siempre la presencia de la conciencia (Wigner, 1995; von Neumann, 2018).

  La conciencia tiene el poder causal de decidir la realidad material, eliminando el concepto de epifenómeno del método materialista.

  La materia es una posibilidad de la conciencia, que elige dentro de todas las opciones.

  Con el fin de darle sentido a la idea de que la conciencia colapsa la posibilidad cuántica, en la actualidad el pensamiento dual cartesiano de la conciencia debe cambiarse por un pensamiento idealista monista, donde la conciencia es el único fundamento de todo ser, la única realidad última. Toda medida cuántica precisa de un observador sintiente. No existe colapso de energía sin el cerebro.

Este fenómeno cambia totalmente el concepto del determinismo del método científico. Ya no somos simples observadores en el universo, dependiendo todo de las leyes naturales que nosotros no podemos modificar. Somos cocreadores en el universo. Creamos toda nuestra realidad. Todo lo que nos rodea es en realidad energía que colapsamos en materia. El mundo material es una ilusión.

El cerebro humano, a través de la mente, nos engaña haciéndonos creer que el mundo físico externo existe independientemente de nosotros. Realmente lo que percibimos no es más que nuestra interpretación codificada de información pura.

Cuesta entender que al mirar el mundo físico lo percibamos sensorialmente, teniendo una estructura energética de ondas. Si estoy hecho de energía, que es invisible, ¿cómo pueden verme? Esto no tiene justificación en el mundo materialista del método científico. La luz envía fotones desde una fuente y cuando el fotón choca con el campo de energía se refleja, rebota y así percibimos el reflejo de la luz (por eso no pueden verme en la oscuridad). Cuando me ven a la luz, en realidad no me ven a mí, sino que están viendo fotones de luz reflejados en mi superficie. Debajo solo hay energía, nada físico en absoluto. Lo que percibimos como materia está influenciado por los campos de energía que nos rodean.

La conciencia local o neuronal es un campo de energía, una de las fuentes de energía vital más importantes, con una profunda influencia sobre nuestro cuerpo físico. No somos víctimas de un mundo material, sino que nuestra conciencia controla nuestra biología y el carácter de nuestra vida.

Todo lo imaginable está en energía, que, en filosofía oriental, se denomina registro o centro akáshico y que el ser humano puede materializar con su pensamiento, al ser cocreador. Para conseguirlo, debe siempre pensar en positivo, en la verdad, eliminando la negatividad. Hemos de tener una fe ciega en estos principios, eliminando la duda. El cuándo y cómo vamos a conseguir lo deseado depende de la Conciencia Primera, que pondrá las circunstancias, el entorno y las personas apropiados para obtenerlo.

La gratitud por lo conseguido es fundamental para mantener el máximo contacto con la Conciencia Primera. De la gratitud nace la fe.

El potencial cocreador es la manifestación de la Energía Primera a través del ser humano. Sin embargo, nuestros deseos deben estar en armonía con las leyes del universo.

Podemos y tenemos que crear, no competir. Cambiar la codicia por la generosidad. Hay que conseguir más utilidad y beneficio a la comunidad que valor económico propio en nuestra actividad.

Los deseos son expresión de la energía que se quiere manifestar y dependen de la voluntad.

El pensamiento es el único que puede transformar la energía en materia, en forma. Un pensamiento de una forma sobre la energía produce esta forma.

Todo el universo material es expresión de pensamientos de la Energía Primera. El universo es un mundo pensante.

Las filosofías orientales, el hinduismo y el budismo, llegaron a la misma conclusión muchos siglos antes a través de la meditación y la espiritualidad. Todo es una ilusión que definieron como *maya.*

- Werner Heisenberg (1901-1976), en un esfuerzo conjunto con el físico y filósofo de origen austriaco Erwin Schrödinger y Paul Dirac (1902-1984), ambos premiados con el Nobel, formuló **el principio de incertidumbre.** Afirma que es imposible medir simultáneamente de manera precisa la posición y la velocidad de los electrones. Una partícula puede estar en un sitio o en otro, o incluso en ambos a la vez, y solo se podrá calcular su ubicación por medio de probabilidades. También conocido como principio de incertidumbre, establece la imposibilidad de que determinados pares de magnitudes físicas observables y complementarias sean conocidos con precisión arbitraria (Heisenberg, 1974).

Las partículas, por ser pequeños sólidos, pueden estar en un solo lugar en un momento dado, siendo posible determinar el punto en que se encuentran, es decir, pueden tener una posición definida.

Con las ondas, la situación se vuelve mucho más complicada, pues se están desplazando por varios puntos y no tienen una posición definida, pudiendo estar en varios lugares al mismo tiempo.

La partícula subatómica se puede comportar de forma simultánea como corpúsculo y como onda.

En una famosa reunión celebrada en 1929, en la que participaron grandes nombres de la física como Albert Einstein, Marie Curie, Heisenberg, Wolfgang Pauli, Max Born, Schrödinger, Max Planck y Niels Bohr, entre otros, el grupo de Copenhague (así llamado por la localidad en que residía Bohr) planteó la discusión sobre la mecánica cuántica. Según Heisenberg, esta no sigue la ley de causa-efecto, sino que se mueve en un campo de probabilidades, el principio de incertidumbre o indeterminación, y la observación produce la propiedad observada (Navarro Faus, 2017). Algunos no aceptaron esta interpretación, entre ellos Einstein, que resumió su desacuerdo señalando que Dios no deja nada al azar (Born, 1971). Aun así, se impuso la propuesta de Heisenberg y hoy ya se acepta que la dinámica cuántica se mueve en la probabilidad.

- **El principio de entrelazamiento cuántico** es una propiedad predicha por Einstein, Boris Podolski y Nathan Rosen en 1935. El término «entrelazamiento cuántico» fue introducido por Schrödinger para describir uno de los fenómenos más desconcertantes en mecánica cuántica. Los estados cuánticos de dos o más objetos relacionados se describen en un estado único que involucra a todos, aun cuando los objetos estén separados espacialmente. Se puede definir como un sistema con una función de onda única para todo el sistema. Las medidas sobre un objeto o unas partículas influyen instantáneamente sobre las partículas entrelazadas, independientemente de la distancia. Esto lleva a correlaciones entre las propiedades observables y sugiere que alguna influencia se tendría que estar propagando instantáneamente entre los sistemas a pesar de la separación entre ellos.

Este principio tensa las bases teóricas de la mecánica cuántica. La transmisión de información supera la velocidad de la luz, algo de difícil explicación y contrario al principio de la relatividad de Einstein.

Einstein, Podolski y Rosen (EPR, por las iniciales de sus apellidos) empezaron a conjeturar las paradojas para intentar desmontar la mecánica cuántica, defendiendo que debían de existir variables ocultas, que la física del momento y sus experimentos no habían detectado, y por eso la teoría cuántica estaba incompleta.

Este ejemplo pone en evidencia el principio del entrelazamiento cuántico. Imaginemos un grupo de partículas, electrones relacionados, dividido en dos partes: una mitad queda en el laboratorio y la otra, a la distancia que queramos, incluso en las antípodas. Si se cambia una propiedad cuántica de los electrones del laboratorio, por ejemplo, el espín —el eje de rotación de toda partícula subatómica—, se produce el mismo efecto y en el mismo momento en el conjunto de las partículas distantes. Hay una transferencia de información independiente del espacio y del tiempo. Esto es imposible de predecir según los postulados de la mecánica clásica.

- Hay parámetros del método científico que cambian en la mecánica cuántica. El tiempo es lineal en el método científico, con pasado, presente y futuro.

En la física cuántica, la concepción del tiempo difiere de la experiencia cotidiana lineal. La teoría de la relatividad de Einstein nos muestra que **la distinción entre pasado, presente y futuro es una ilusión que depende del observador,** de modo que esos conceptos no son absolutos universales (Isaacson, 2023).

El físico teórico y astrofísico británico Stephen Hawking ha postulado modelos en los que el tiempo podría comportarse de formas no convencionales. Sin embargo, afirmar que el tiempo es circular simplifica en exceso estas ideas. Lo correcto es decir que, según estas teorías, el flujo del tiempo no es estrictamente lineal. La física sugiere que el ahora, el antes y el después no son categorías absolutas, aunque, para los fenómenos cotidianos, la secuencia temporal convencional sigue siendo válida.

Cuando observamos, definimos: nuestra conciencia colapsa la energía en materia, originando el tiempo lineal y el espacio determinante de la localidad. Estos parámetros nos ayudan a definir las experiencias en la dimensión humana.

La física cuántica permite la conciliación entre ciencia y espiritualidad, entre materia y energía, que tiene su símil en la partícula-onda.

La concepción estructural del ser humano se puede definir, desde una visión cuántica, así:

- **Cuerpo.** Es energía de baja frecuencia tridimensional, energía colapsada en materia. Todo objeto material está formado por átomos, pero en realidad está vacío. Si imaginamos un átomo, con su núcleo con protones de carga positiva y neutrones sin carga, y unos electrones que giran alrededor en sus órbitas con carga negativa para mantener la electroneutralidad (modelos de Rutherford y Bohr), y cuyo núcleo tuviera el tamaño de una pelota de golf que colocáramos en el centro de un campo de fútbol, los electrones estarían girando a gran distancia, en la última grada de los espectadores y más lejos. Hay enormes espacios entre las partículas subatómicas.

El efecto túnel

Esta propiedad cuántica de las partículas es atribuible a su estructura, por su función de onda. Se trata de un efecto de la mecánica cuántica que permite transiciones a través de niveles de energía inabarcables para la mecánica clásica. Se debe a la dualidad estructural de las partículas, que se pueden presentar como onda-partícula. Las partículas subatómicas son capaces, en determinadas condiciones, de superar ciertas barreras de potencial que una partícula clásica no lograría vencer una vez que las medimos. Podría compararse a la existencia de un túnel que permitiera a la partícula atravesar una barrera de potencial de una energía superior a la suya propia. Este efecto fue descrito por primera vez por el físico y astrónomo de origen soviético George Gamow (1904-1968), en 1928 y, más tarde, por el matemático y físico alemán Max Born (1882-1970).

- **La mente.** Todas sus actividades anímicas (emociones, sentimientos, pensamientos, recuerdos, memoria y conciencia local o neuronal) son energía de alta frecuencia. Por la superposición de estados, la energía se puede presentar como materia y, en este caso, como onda. Esta energía se puede objetivar en el electroencefalograma, con los cinco tipos posibles de ondas cerebrales. Recordemos que el método científico cartesiano no tiene justificación para los fenómenos anímicos, sin sustrato material.

- **La conciencia.** Podemos sugerir, ante la evidencia, que existe una conciencia que tiene continuidad fuera del cerebro y que persiste a pesar de la muerte clínica. Esta conciencia se denomina, según los autores, conciencia no local, espíritu o Supraconciencia.

Es importante señalar que extrapolar estos conceptos cuánticos al campo de la espiritualidad presenta aún lagunas y una falta de evidencia en conceptos. Sin embargo, estas intersecciones continúan inspirando la investigación científica junto a la reflexión filosófica y espiritual.

Nuestro auténtico «yo», la Supraconciencia, es totalmente libre. No es presa de acciones pasadas ni depende de resultados futuros. No se preocupa por su identidad ni su estatus. Comprende que no hay nada que temer en el mundo material y, por tanto, no precisa fama, riqueza o poder para crecer.

La Supraconciencia es nuestra auténtica identidad, la que nos hace únicos e irrepetibles.

Con la Supraconciencia experimentamos la unidad, más allá de la individualidad, y nos hace coautores del universo al colapsar las posibilidades disponibles con plena libertad de elección.

No existimos solo en el universo físico tridimensional, sino también en el mundo astral. El mundo astral penetra y actúa constantemente sobre el mundo físico. Existimos simultáneamente en ambos reinos, entre los que hay una relación dinámica continua. El universo físico es inseparable del universo astral. Nuestro cuerpo físico, una proyección holográfica del reino astral, es continuamente creado. Los pacientes que han vivenciado una ECM nos manifiestan la realidad de nuestra existencia holográfica en el mundo astral.

El cuerpo astral es una energía que vibra a una frecuencia que no podemos detectar, mientras que nuestro cuerpo físico está compuesto de una energía de baja frecuencia que se manifiesta como materia.

Tener conciencia y aprender a gestionar la energía vital es el principio de la experiencia espiritual, que es profundamente transformador. Saber sintonizar con la energía vital proporciona sentimientos de paz, armonía, expansión, bienestar, alegría y especialmente amor. Coincide totalmente con las descripciones de los pacientes durante las ECM.

¿Cómo encaja esta visión de la energía vital en el mundo científico cartesiano?

Son muchos los científicos que ya aceptan esta realidad existencial, pero aún abundan los que ven con recelo y frialdad a los que se separan de la concepción bioquímica convencional del cuerpo humano, que la conciben como una asombrosa máquina bioquímica que se autocontrola y autosostiene a través del cerebro y los genes. El control se realiza, según la visión materialista, con señales electromagnéticas a través del sistema nervioso y por mensajeros que fluyen por el torrente circulatorio a consecuencia de instrucciones programadas y codificadas en los genes del ADN.

Tras el descubrimiento de la estructura de doble hélice de la molécula del ADN en 1953 por Francis Crick (1916-2004) y James Watson (1928), los genetistas esperaban con ansia los resultados del Proyecto Genoma Humano (PGH). Tras años de trabajo, en 2003 se logró la secuencia completa del genoma humano. Sin embargo, este inmenso logro no solo no resolvió los misterios de la vida, sino que originó mayores dudas. Como afirma el microbiólogo y genetista David Baltimore (1938), galardonado con el Nobel, solo con el ADN no podemos entender la conducta ni las enfermedades (Darnell, Lodish y Baltimore, 1993).

El hecho de no encontrar en los genes la programación de la vida ha obligado a los genetistas a una nueva evaluación con el desarrollo de una nueva disciplina, la epigenética, que demuestra que nuestros genes no son inamovibles. Se pueden activar o inhibir, especialmente con grupos metilos con impacto hereditario. Los cambios medioambientales, mentales y emocionales pueden influir en nuestros genes.

¿Cómo es posible el cambio en los genes por influjo externo? No tiene justificación con el modelo convencional. Un nuevo campo emergente entraría en acción: la biología cuántica.

El núcleo con su ADN ya no se puede considerar como el cerebro de la célula. Sí lo es la membrana celular, que de manera activa controla la salida y la entrada de sustancias.

El descubrimiento de cristales líquidos en los tejidos orgánicos con una estructura reticular con alineamiento crea una barrera impermeable en la membrana celular. Los cristales líquidos entrelazados con el cuerpo holográfico son el puente de información hacia el cuerpo físico.

Es indudable que la biología cuántica y la epigenética están aportando un nuevo modelo biológico que permite que la información holográfica coordine los procesos vitales que tienen lugar en el cuerpo físico.

El modelo convencional es muy difícil que pueda explicar el exquisito grado de coordinación de los procesos bioquímicos del ser humano. En cada célula se producen aproximadamente cincuenta mil fenómenos bioquímicos cada segundo, que tienen que ser controlados por el cerebro, precisando de una velocidad y una amplitud que no posee. La coordinación se produce en estados coherentes entrelazados, donde las señales se moverían de forma instantánea.

Nuestro cuerpo es creado de manera continua a partir del cuerpo holográfico, resultando el cuerpo físico tridimensional proyectado holográficamente. Nuestro cuerpo físico es el resultado de la organización energética: si cambia esta, cambiará a la misma velocidad el cuerpo físico.

Esta visión holográfica de nuestra existencia nos permite aceptar la realidad de la vida después de la muerte física.

La muerte supone el cese del control energético holográfico sobre el cuerpo físico, con pérdida de la coherencia, reaccionando a las fuerzas de la entropía. El orden entra en desorden provocando la descomposición de átomos y moléculas, con persistencia del cuerpo holográfico y la percepción de medios más sutiles, por su mayor frecuencia energética. Son fenómenos que los pacientes manifiestan claramente en las ECM.

Hemos comentado una serie de pruebas objetivas certificadas y otras con una base científica que evidencian la realidad de las ECM:

1) La transferencia de información independiente del espacio y del tiempo con toda clase de detalles de situaciones a distancia coincidiendo con la muerte clínica, únicamente justificable si existe un acto presencial.
2) La activación del lóbulo occipital al describir un objeto que visionó el paciente durante la ECM y que relata durante la resonancia magnética funcional. Es una prueba de que originó memoria a través de las neuronas espejo. Por tanto, el paciente realmente vio el objeto, no miente.
3) La posibilidad de atravesar estructuras sólidas con toda facilidad.
4) La capacidad que tienen los pacientes de describir aspectos de familiares y amigos que visionaron durante la ECM y que era imposible que los conocieran.

La interpretación de lo que ocurre en la física sólida se difumina y es motivo de debate entre los físicos cuánticos. La física ha encontrado en la conciencia un motivo de polémica en cuanto a su encaje, pero ninguna interpretación consigue eliminarla.

Eugene Wigner lo expresó así: con la creación de la mecánica cuántica, el concepto de la conciencia saltó de nuevo a la palestra. No es posible formular leyes de la mecánica cuántica de manera plenamente consistente sin hacer ninguna referencia a la conciencia.

Por su parte, John von Neumann concluye expresando que solo el observador consciente puede inducir el colapso de una función de onda. La ciencia más empírica parece basarse en última instancia en la conciencia.

La discusión de la relación entre la mecánica cuántica y la conciencia es ineludible. El enigma afloró con la implicación del

acto de la observación consciente. No hay manera de interpretar la teoría cuántica sin encontrarse con la conciencia. Partimos de la mecánica cuántica y nos hemos topado con la conciencia.

Sin embargo, la teoría de la mecánica cuántica tiene una enorme aplicación práctica, puesto que constituye la base de un tercio de la economía moderna.

La teoría cuántica nos dice que la observación de un objeto puede influir instantáneamente en el comportamiento de otro objeto muy distante, sin que estén conectados por ninguna fuerza física.

También nos dice que la observación misma de la posición de un objeto causa su presencia ahí. Un objeto, según la teoría cuántica, puede estar en dos o más lugares a la vez. Su existencia en un punto particular donde se detecta su presencia se convierte en realidad únicamente si es objeto de observación, al intervenir una conciencia. La mecánica cuántica influye instantáneamente en la separabilidad.

La mecánica cuántica desafía nuestra concepción clásica de la realidad. Despierta un idealismo que sostiene que el mundo que percibimos no es el real.

La física cuántica no reemplaza a la física clásica, más bien la abarca. Esta última es una buena aproximación para interpretar el comportamiento de los objetos mayores por los átomos. Sin embargo, si escarbamos en cualquier fenómeno natural, acabaremos tropezando con la mecánica cuántica.

El astrofísico y matemático británico James Jeans (1877-1946) definió el universo como un gran pensamiento y no una gran máquina (Jeans, 2009).

La intrusión del observador consciente sacude en su base la visión reduccionista del método científico cartesiano-newtoniano.

El filósofo Augusto Comte (1834-1900) acuñó el término «sociología», considerando a los individuos como «átomos sociales» motivados por fuerzas (Comte, 1875).

Podemos afirmar que, aparte de las fuerzas físicas del universo que ejercen sobre los objetos, estos se hallan desconectados del resto del universo y pueden existir fuerzas físicas sutiles.

Tanto si la conciencia puede tener un impacto directo sobre el mundo físico más allá del cerebro como si no, entre la mecánica cuántica y la conciencia hay analogías fascinantes que estimulan a la reflexión y la investigación.

El encuentro de la física cuántica con la conciencia ha importunado a varios físicos. Desestiman la creación de la realidad por la observación como algo que queda fuera del dominio de la física cuántica. Como dijo Schrödinger, deberíamos prestar atención a lo que la naturaleza nos dice (Schrödinger, 2016).

Cuando los expertos discrepan de manera tan evidente, uno tiene permiso para elegir su experto. Los no expertos podemos sacar nuestras propias conclusiones, siempre con la idea de que son provisionales y dispuestos a cambiar si se demuestra lo contrario.

Tengo experiencia del evidente cambio de actitud y valoración en científicos, neurocientíficos e incluso físicos cuánticos después de haber vivenciado en su propia persona una ECM durante una muerte clínica. No solo confirman la realidad de la ECM, descartando calificarla como sueño o alucinación, sino que se han transformado, con sus conferencias, comentarios en redes sociales y libros, en grandes defensores de la existencia de la Supraconciencia.

Se nos plantea una duda: ¿es posible aplicar las leyes y los principios básicos de la mecánica cuántica a la biología?

Biología cuántica

La biología cuántica es la rama de la biología que estudia procesos que tienen lugar en los seres vivos y que se fundamentan en efectos característicos de la mecánica cuántica. Hay una unión entre la física, la química y la biología. Los principios básicos cuánticos que justifican la biología cuántica son la coherencia cuántica, el entrelazamiento cuántico, la superposición de estados, el efecto túnel y el colapso de energía.

El mundo cuántico realmente desempeña un papel importante en el funcionamiento de la célula viva. Durante muchos años se aceptó que la biología no tenía nada que ver con el mundo cuántico.

Hoy sabemos que la mecánica cuántica desempeña un papel importante en la biología, en la célula y en cómo las células se comunican entre sí. La biología cuántica acopla los principios de la mecánica cuántica con los procesos biológicos.

La física moderna tiene dos ramas fundamentales: una, la relatividad, que estudia el mundo macroscópico de las galaxias y los planetas; otra, el sistema cuántico, que estudia el mundo microscópico de las partículas subatómicas. Un mundo gigante y otro diminuto e invisible.

Los procesos biológicos son, en realidad, sistemas cuánticos, porque la física describe el comportamiento de la materia a nivel microscópico. Hoy sabemos que todo aquello que forma parte de la vida se construye sobre un sistema cuántico.

Einstein ya apuntaba la posibilidad de la intervención de la mecánica cuántica en la biología.

Bohr sugirió en 1930 que los principios de la física cuántica podrían ser relevantes en la biología. Sin embargo, durante mucho tiempo, estas ideas fueron en gran medida ignoradas por la comunidad científica.

Schrödinger, en su libro *¿Qué es la vida?* (1993), también sugería la participación de la mecánica cuántica en biología.

La biología cuántica, un concepto que el físico y matemático Pascual Jordan (1902-1980) introdujo en 1944, acopla los principios de la mecánica cuántica con los procesos biológicos.

En la década de 1990, el físico Roger Penrose, de la Universidad de Oxford y premio nobel en 2020 por sus trabajos sobre los agujeros negros, y Stuart Hameroff (1947), psicólogo y anestesista en la Universidad de Arizona, llegaron a la misma conclusión sin conocer previamente el trabajo del otro, en un fenómeno conocido como sincronía (Hameroff y Penrose, 2014).

Penrose y Hameroff descubrieron que la relación entre la conciencia local o neuronal y la conciencia no local se produce a nivel de unas estructuras llamadas microtúbulos. Los microtúbulos forman parte del microesqueleto de las células eucarióticas neuronales y están formados por una proteína, la tubulina, compuesta de un monómero alfa y beta en disposición helicoidal. Según su teoría, el sistema neuronal del cerebro forma una intrincada red y la conciencia obedece a las reglas de la mecánica cuántica. La transferencia de información entre la conciencia local y la no local se produciría en los microtúbulos, que actuarían como canales.

A nivel cuántico, la conciencia es capaz de estar en todos los lugares al mismo tiempo, de manera simultánea, sugiriendo que la conciencia puede conectarse con partículas cuánticas más allá del cerebro.

En 2024, un grupo de científicos del Wellesley College de Massachusetts administraron a ratas un anestésico general inhalatorio para mantenerlas inconscientes y, así, poder demostrar la intervención de los microtúbulos en el proceso de la conciencia. Sus conclusiones, publicadas en la revista por pares *eNeuro Journal*, son un paso importante hacia la verificación de la teoría de que nuestro cerebro realiza operaciones cuánticas relacionadas con la conciencia, idea que cada vez adquiere más fuerza. Además, refuerzan la teoría de la reducción orquestada (Orch OR) al justificar que la anestesia bloquea efectos cuánticos en los microtúbulos necesarios para la conciencia, como proponen Penrose y Hameroff.

En física cuántica, una partícula está en una nube de probabilidades. Si se observa en un aparato de medición, la partícula pierde su estado de superposición y se colapsa en un estado definido y medible, el estado en el que se observa. Penrose planteó la hipótesis de que, cada vez que una función de onda cuántica se colapsa en el cerebro, se produce un momento de experiencia consciente.

Del mismo modo, tiene sentido que los millones de neuronas que se disparan simultáneamente en el cerebro trabajen bajo la propiedad de estar conectadas por entrelazamiento cuántico.

En experimentos en los que se proyectaban partículas de luz en los microtúbulos como el realizado por el oncólogo y físico polaco Jack Tuszyński (1956), se observaba que la señal no se degradaba, demostrando que los estados cuánticos en la señalización de los microtúbulos son posibles. Las neuronas son capaces de funcionar a velocidades que permiten operaciones cuánticas, aproximándonos a la comprensión de que nuestro cerebro está vinculado a un universo cuántico.

La conciencia local o neuronal actuaría como un interfaz, como una conexión entre dos sistemas independientes. La conciencia local se ha comparado a un aparato de televisión que recibe información en forma de ondas electromagnéticas y las traduce en imagen y sonido. La conciencia no local, nuestra auténtica identidad, proporciona información a la conciencia local.

El cerebro físico actuaría como un filtro, como válvula reductora de la Supraconciencia, permitiendo su entrada en nuestra percepción humana del mundo que nos rodea, que es más restringida.

Se plantea la pregunta fundamental: ¿el cerebro es permisivo o productivo?

Según Roger Penrose, solo una teoría que combine la física cuántica con la relatividad de Albert Einstein puede explicar la conciencia humana.

Diversos autores se opusieron a la teoría de los microtúbulos, puesto que, para que fuese cierta, era preciso que existiera coherencia cuántica en un entorno con una temperatura del cero absoluto (–273 °C), donde la vida no es posible.

La Universidad de Berkeley en California demostró, en la década de 2010, que en la fotosíntesis se producía un fenómeno cuántico a la temperatura ambiental.

La fotosíntesis (o función clorofílica) es un proceso bioquímico en bacterias, algas y plantas que convierte la materia inorgánica —el dióxido de carbono y el agua— en materia orgánica —azúcares— aprovechando la luz solar como fuente energética y liberando oxígeno. Es un proceso fundamental para la vida de nuestro planeta y para el ecosistema. Un elemento esencial en la fotosíntesis es la clorofila, un pigmento sensible a la luz que confiere el color verde a las plantas. La clorofila se halla en los cloroplastos, unos orgánulos de las células vegetales que trans forman los fotones, partículas elementales de la luz, en excitones para iniciar la fotosíntesis.

El proceso de captación de la energía solar por los cloroplastos se produciría por superposición cuántica, para poder llegar a su destino de la manera más eficiente posible.

Del mismo modo, tiene sentido pensar que los miles de millones de neuronas que se activan simultáneamente en el cerebro actúen según el principio del entrelazamiento cuántico, es decir, la posibilidad de que partículas muy alejadas entre sí estén conectadas.

La ferritina es la principal proteína que capta, transporta, almacena y libera de manera controlada el hierro, con intervención de procesos cuánticos.

En el olfato se produce un efecto túnel. Igualmente, en las mutaciones del ADN y en la transmisión del impulso nervioso en las sinapsis neuronales también se producen fenómenos cuánticos, al igual que en la respiración.

Yong-Cong Chen, del departamento de Física Cuántica de la Universidad de Shanghái, define la conciencia como el resultado de la sincronización de millones de neuronas. La orquestación, la sincronización, es el aspecto fundamental.

En la molécula lipídica de mielina se ha comprobado la formación de biofotones entrelazados que favorecen la transferencia de información cuántica. En enfermedades neurodegenerativas como la de Parkinson se pierde la sincronización de las células afectadas, en el área del cerebro denominada sustancia negra, con una disminución de la producción de dopamina. En otras enfermedades neurodegenerativas, como la de Alzheimer y la esclerosis múltiple, se ha observado también un deterioro de la vaina de mielina.

Para el estudio de la sincronización neuronal, son importantes la informática y el entrelazamiento cuánticos. El grado de entrelazamiento cuántico depende del grosor de la vaina de mielina. Hoy sabemos que, con la involución senil, disminuye el grosor de esta.

La mielina proporciona un entorno ideal para el entrelazamiento cuántico.

La vaina de mielina que recubre el cilindroeje o axón de las neuronas favorece la transmisión nerviosa y el trofismo de las neuronas. La mielina está constituida por lipoproteínas en bicapas de fosfolípidos. Tiene color blanco, de ahí el nombre de sustancia blanca.

Las vainas de mielina están producidas por las células gliales, las células de Schwann en el sistema nervioso periférico y los oligodendrocitos en el sistema nervioso central. Los citoplasmas de estas células se enrollan al axón, favoreciendo la transmisión nerviosa.

Los movimientos migratorios de las aves, que atraviesan continentes, tienen relación con la física cuántica. Se ha estudiado en la migración del petirrojo y se ha comprobado un efecto de entrelazamiento cuántico.

Las partículas entrelazadas no pueden definirse como partículas individuales, sino como partes de un sistema. Por más distantes que estén, pueden transmitirse información a mayor rapidez que la velocidad de la luz. Este fenómeno se produce, por ejemplo, dentro de los ojos de las aves.

La coherencia cuántica es el comportamiento coordinado y ordenado de las partículas subatómicas, que vibran al unísono. La biología cuántica estudia la coherencia cuántica que se produce por fenómenos como el entrelazamiento y el efecto túnel cuántico.

Todo ser humano emite fotones formando el campo biofotónico, que es altamente coherente. Cuanto más coherente sea el campo biofotónico, más enriquecedor será el mundo que descubriremos.

Los fotones que emiten nuestros átomos originan un espectro semejante a la luz solar. Esto hace que cada ser humano tenga una banda energética característica, que depende del estado físico, emocional y mental. Hoy puede detectarse el campo biofotónico con la cámara de Kirlian.

No cabe duda de que la biología cuántica es un nuevo campo de investigación apasionante, pero se encuentra aún en una fase incipiente y hay que ser muy cauto y crítico con las nuevas teorías.

Manifestaciones de la Supraconciencia

La Supraconciencia no se puede objetivar tridimensionalmente, al ser una energía de alta frecuencia. Existen una serie de manifestaciones que son expresión de la Supraconciencia:

- **La introspección.** Mirar en el interior (o inspección interna) permite que el sujeto pueda adquirir conocimiento de sus propios estados mentales, interpretando sus procesos cognitivos y emocionales. Nos permite percibir nuestra individualidad, que no es ni el cuerpo ni la mente. Detrás está nuestra auténtica identidad, la que nos hace únicos e irrepetibles, nuestra Supraconciencia.

  El mejor método para contactar con la Supraconciencia, sin lugar a duda, es la meditación, que será motivo de un amplio estudio en el capítulo final.

- **La intuición.** Es un concepto de la teoría del conocimiento que describe el que es directo e inmediato, sin intervención de la deducción o el razonamiento, siendo considerado como evidente.

  La psicología considera la intuición como un conocimiento que no sigue el camino racional para su formulación. No se puede explicar por qué se llega a una determinada conclusión o decisión. Es una reacción emotiva de percepción o sensación.

  La intuición es una forma de conocimiento que va más allá de la lógica y la racionalidad. Es una percepción inmediata o conocimiento de algo, sin la intervención del razonamiento. La intuición puede surgir como una corazonada, un presentimiento o una sensación visceral.

  En el lenguaje popular se define como presentimiento.

  En realidad, es una manifestación de nuestra Supraconciencia, que, por ser omnisciente, tiene conocimiento de todo y predice lo que va a ocurrir. Cuanto más evolucionado está el individuo, más controlado tiene su ego, más se manifiesta su Supraconciencia y, por tanto, más intuitivo es.

  Los pacientes que han vivenciado una ECM son más conscientes de que su realidad existencial se fundamenta en la Supraconciencia y, en consecuencia, se vuelven más intuitivos.

  Ante un problema buscamos las posibles soluciones racionalmente, a partir de la actividad de la zona prefrontal del lóbulo frontal, sin llegar a una clara conclusión sobre la decisión que tomar. La intuición, de manera espontánea y sin razonar, nos proporciona la solución correcta. Nunca nos engaña. Cuanto más espiritualizada está la persona, más intuitiva es.

- **Otras vivencias trascendentes.** Además de las ECM, otras vivencias tienen también su origen en la Supraconciencia: telepatía, clarividencia, precognición, vivencias místicas, psicoquinesia y vivencias de los moribundos.

  Estas vivencias trascendentes serán comentadas en otro capítulo.

- **La creatividad.** Crear es originar de la nada. Es la capacidad del ser humano de inventar nuevos conceptos, objetos físicos, ideas, solución a problemas, métodos, interpretaciones y formas artísticas. Se asocia a la imaginación en un proceso donde interviene la intuición. Precisa de la iluminación, encontrando una solución no pensada. Se habla de innovación. Es una forma libre de autoexpresión.

  La creatividad es lo que diferencia al ser humano de la inteligencia artificial, que nunca creará, pero sí gestionará datos a una velocidad que jamás podrá alcanzar nuestro cerebro, gracias a unos algoritmos y *softwares* que le proporciona la mente humana.

  El filósofo presocrático Parménides (570-475 a. de C.) consideraba que no se puede originar nada a partir de la nada absoluta. Solo es posible hacerlo con la creatividad, que logra que, de la nada, surja algo nuevo inexistente hasta entonces (Parménides, 2011).

  La creatividad no es estática, se puede potenciar o reprimir y también depende de factores ajenos al individuo.

  Es la expresión en un momento dado de la Supraconciencia, la única con capacidad creativa. La creatividad son destellos de la intuición con inspiración dando un salto en la intemporalidad, y nos hace libres, dejando de identificarnos con el complejo cuerpo-mente.

La creatividad artística, la obra de arte, es la expresión en un momento dado de la Supraconciencia del artista, a través de un lenguaje artístico: pintura, música, escultura, etcétera. Por eso, la obra de arte es única e irrepetible. Precisa de un conocimiento cultural profundo del lenguaje empleado para poder expresarse libremente.

Le preguntaron al compositor italiano Giacomo Puccini (1858-1924), cómo había sido capaz de crear una obra tan extraordinaria como *Madame Butterfly*. Su respuesta fue contundente:

> Soy el intermediario del Todopoderoso. Él ilumina mi inspiración y creación. Esta música es de Dios (Abell, 2021).

Por su parte, Johannes Brahms (1833-1897) comentaba, al hablar sobre la inspiración musical, que «las ideas de Dios» fluían hasta él (Abell, 2021).

El filósofo griego Platón decía:

> La música es la medicina del alma. Satisface la sed espiritual de la humanidad. Es una fuente de alimento espiritual para los que la escucha (Platón, 2011).

Y el director de orquesta y compositor alemán Richard Strauss (1864-1949) expresó que la inspiración lo inducía a un estado de expansión, a una sensación de estar unido por amor a todo el universo (Kennedy, 2006).

Es la misma sensación que se experimenta en los estados de meditación profunda, al contactar con la Supraconciencia. Es la misma vivencia que refieren los pacientes durante la ECM.

Sobre la experiencia creadora, el compositor alemán Ludwig van Beethoven (1770-1827) comentaba:

> Cuando compongo soy plenamente consciente de que estoy inspirado por el Todopoderoso. Sé que estoy muy próximo a Dios (Forbes, 1991).

Cuando componía, el músico austriaco Wolfgang Amadeus Mozart (1756-1791) manifestaba que entraba en un sueño de gran belleza y profundidad.

Es evidente que el compositor, además de la inspiración, precisa tener buenos conocimientos musicales y de instrumentación.

Una composición perdura cuando el compositor expresa su interioridad de manera tan profunda que establece coherencia con el auditorio. Esta conexión tan profunda favorece la neuroplasticidad y la neurogénesis.

Le preguntaron al pintor posimpresionista Paul Gauguin (1848-1939) cómo concebía sus obras pictóricas, a lo que respondió: «Cierro los ojos y veo la imagen en mi mente» (Gauguin, 2004).

La creatividad tiene un claro componente trascendente originado en la Supraconciencia del creador.

- **Los arquetipos.** Citados por filósofos como Platón e Immanuel Kant, y especialmente por el médico y psiquiatra Carl Jung, los arquetipos son un modelo, un patrón perfecto. En la filosofía de Platón, son la expresión de las formas de las cosas que existen en el pensamiento divino. Son un patrón ejemplar del cual otras ideas, conceptos u objetos derivan. Es el modelo perfecto, la primera idea entre las demás de igual orden. Todo arquetipo es siempre una abstracción. Son la luz que guía nuestras vidas.

Corresponden al inconsciente colectivo de Jung, común a toda la humanidad.

Los arquetipos proporcionan unas normas universales que rigen el pensamiento de toda la humanidad y que indican si nuestros actos son éticos.

Manifiestan la expresión de nuestra Supraconciencia. Condicionan una dinámica vital positiva, en la que imperan el altruismo, la empatía, la bondad, la justicia y especialmente el amor, del que Einstein dijo que es la energía más potente del universo.

El amor tiene la capacidad de curar y la falta de amor puede condicionar enfermar. Más del 80 % de la patología actual tiene origen mental por vivencias negativas y ausencia de amor, provocando una caída del sistema inmunológico, tanto del celular, que afecta a los leucocitos, linfocitos y macrófagos, como del humoral.

La bioquímica australiana Elizabeth Blackburn (1948), premio nobel en 2009, demostró que el amor tiene efecto sobre la liberación de telomerasa, la hormona que mantiene la normalidad de los telómeros, los extremos de los cromosomas.

El amor no solo cura las afecciones anímicas, sino también las biológicas.

Determina la liberación de oxitocina, hormona producida en el hipotálamo y liberada a la circulación a través de la neurohipófisis. Tiene amplios efectos: estimula la contracción uterina durante el parto, la liberación de la leche materna durante la lactancia y posee un efecto neuromodulador en los comportamientos sociales y parentales, especialmente en las sensaciones muy agradables. Es la hormona del abrazo.

El miedo producido por el ego tiene como antídoto el amor. El que ama controla mejor el miedo.

Kant comentaba que existen dos realidades que lo impresionaban: una externa, al observar la grandeza y la perfección del universo, haciendo referencia a una Conciencia, a una Inteligencia Primera; y otra interna, que nos indica si nuestras acciones son éticas o no, manifestándose por una sensación interior de paz, armonía, gozo y amor, o de inconformidad. Es la expresión de nuestra Supraconciencia, holística con la Conciencia Primera.

- **La felicidad.** Podemos afirmar que nunca seremos auténticamente felices si no actuamos de acuerdo con nuestra Supraconciencia. Mientras impere el ego en nuestra dinámica vital, tendremos momentos de placer, pero no auténtica felicidad.

  Este concepto ya ha sido ampliamente comentado en otro capítulo.

  La auténtica felicidad tiene un origen interno, con sensación de paz, armonía, gozo, quietud y silencio. Está hermanada con el amor.

- **Libre albedrío.** La libertad es una propiedad de la Supraconciencia. El ego nos tiene esclavizados con los dogmas que estructuran el carácter y que condicionan los pensamientos y los sentimientos.

No podemos reflexionar y tomar decisiones con libertad si no tenemos una dinámica mental, un carácter libre de dogmas y normativas impuestas. Nuestra Supraconciencia es nuestra auténtica identidad y solo seremos libres cuando impere en nuestra mente.

Este concepto también ha sido comentado extensamente en otro capítulo.

Propiedades de la Supraconciencia

La Supraconciencia es una energía sutil de alta frecuencia no local. Tiene las siguientes propiedades:

- Es eterna y solo existe el momento presente, el ahora.

> Como manifestó Albert Einstein, nuestra percepción del tiempo nos engaña: este no transcurre en una sola dirección. Futuro y pasado existen de forma simultánea (Isaacson, 2023).

- La Supraconciencia es holística respecto a la Conciencia Primera.

  El holismo analiza los sistemas como un todo y no desde sus partes. Considera que el sistema es un todo de partes que están integradas. El estudio de ellas no puede explicar cómo funciona el sistema global. Hay una sinergia entre las partes, más efectiva que la suma de estas por separado.

Las partes tienen la misma estructura o forma que el todo, aunque pueden presentarse a distinta escala.

Aristóteles, en su tratado dedicado a la metafísica, resumió el principio general de la filosofía holística:

> El todo es mayor que la suma de las partes (Aristóteles, 2013).

Corresponde al término *fractal*, propuesto en 1975 por Benoît Mandelbrot (1924-2010), matemático de la Universidad de Yale, para describir un objeto matemático complejo definido por algoritmos.

Este concepto nació de un intento de encontrar geometría para describir la naturaleza y se origina a partir del término *fraccionario*, relacionado con las dimensiones fraccionarias.

Las características de los fractales son:

1) Tienen dimensiones fraccionarias.
2) Están detallados en escalas muy pequeñas y, en ocasiones, también muy grandes.
3) Tienen autosemejanza estadística.

La Conciencia Primera es un holograma total, formado por múltiples partes, de manera que las propiedades del holograma no son la suma de las propiedades de las partes, sino que cada una de las partes tiene las propiedades del todo.

Toda la información que organiza el universo, incluidas las leyes naturales que rigen las interacciones entre materia y energía del mundo físico, residen en el holograma total no local, dirigido por la Conciencia Primera. En todo el universo se manifiesta la acción y el control de la divinidad.

Las propiedades del todo son la omnipresencia, la eternidad, la omnisciencia (recordemos la intuición) y la omnipotencia, con su manifestación en la creatividad.

Llegados aquí, todos formamos parte de este grandioso holograma, llamado Creación, que es el yo interior, la Supraconciencia. Como dijo el científico israelí Itzhak Bentov (1923-1979), todo no es más que un juego cósmico, y solo existes tú (Bentov, 2000).

- La Supraconciencia forma parte del todo, está unida amorosamente a todo el universo. Somos universo, somos naturaleza. Desaparece totalmente el concepto de dualismo, o separación entre observador y objeto, del método científico.

David Bohm, físico teórico, aporta la idea de que en cada punto del espacio está la totalidad del universo, entrelazando ciencia, arte y espiritualidad, introduciéndose filosóficamente en las profundidades de la conciencia humana. Propone el concepto de orden implicado, una realidad subyacente en la que todas las cosas están plegadas, interconectadas y unificadas. Este orden oculto es lo que percibimos como mundo explícito. En el universo de Bohm, mente y materia no son sustancias distintas, son aspectos diferentes del mismo flujo, subyacente a la realidad. Es la teoría holográfica del universo. Esta unidad se extiende en el ámbito de la conciencia. Su posición refuerza la idea de que el observador y lo observado no están separados. Todo es parte de un todo continuo, que se despliega y se pliega constantemente. Este orden implicado sugiere que el universo es mucho más de lo que percibimos. El legado de Bohm es una visión de la realidad que se extiende mucho más allá de las apariencias. Nos invita a ver el mundo con nuevos ojos.

Según Bohm, el entrelazamiento cuántico y la acción fantasmal a distancia podrían explicarse dentro de un marco de causalidad no local.

El universo es una totalidad indivisa.

El Infinito, la Conciencia Primera, se manifiesta en nuestra realidad tridimensional espacio-tiempo. En cada fragmento aparentemente independiente se percibe la divinidad. Todo nos conduce al infinito. Esta es la auténtica realidad de nuestra vida finita: descubrir la matriz infinita. Todos somos parte de la matriz y las diferencias únicamente se manifiestan en la dimensión espaciotemporal.

En esta visión holística se inserta, por ejemplo, la hipótesis Gaia. Con ella, el químico atmosférico James Lovelock (1919-2022) postuló que la Tierra funciona como un todo, como un superorganismo capaz de autorregularse.

A través del holograma de la Supraconciencia, un cambio en nuestra vida se refleja en todo el universo. Esto explica la sincronicidad existente a pesar de la separación física. Somos cocreadores, no simples observadores.

La Supraconciencia es nuestra auténtica realidad existencial, nuestra identidad, la que nos hace únicos e irrepetibles. Es la que tiene la capacidad de colapsar la energía en materia, y es holística con la Conciencia Primera.

La Conciencia Primera está presente en cada uno de nosotros, en cada elemento de la creación. En cada fragmento finito de espacio-tiempo se manifiesta la causa primera, el infinito. Todo es información de la causalidad primera.

Las leyes que conforman el universo astral y el físico surgen de una conciencia inteligente, no local e infinita. Todo procede de esta conciencia inteligente y es dirigido por ella.

Se expresa claramente en las palabras del escritor francés Victor Hugo (1802-1885):

«La conciencia es la presencia de Dios en el hombre» (Hugo, 2015).

Paramahansa Yogananda (1893-1952), un swami hindú muy evolucionado, lo define en su obra *Autobiografía de un yogui* (2023) como la manifestación finita del Infinito en cada uno de nosotros.

En palabras de Jesús, cuántas veces no repitió que somos hijos de Dios y estamos hechos a imagen y semejanza de Abba, el Padre, la Conciencia Primera. Que Dios está entre nosotros, pero no somos capaces de verlo.

Cómo descubrir la Supraconciencia

El ego, nuestra falsa identidad, es enemigo de la Supraconciencia y hace todo lo posible por evitar que se manifieste. Dispone de potentes armas para camuflar nuestra auténtica identidad: la ignorancia, la afección por lo material, el egoísmo, el miedo y la insatisfacción.

La finalidad de la vida es precisamente el desarrollo del Ser, descubrir nuestra auténtica realidad, y no el tener o hacer, propios del ego.

Quiero recordar aquí las acertadas palabras de Tales de Mileto, un filósofo presocrático del siglo VII a. de C., sobre la presión que ejerce el ego:

> Lo más difícil es conocerse a uno mismo, y lo más fácil es aconsejar a los demás (Diógenes Laercio, 2008).

Por sus ideas sobre la evolución, el jesuita, teólogo, filósofo y paleontólogo Teilhard de Chardin estuvo a punto de ser excomulgado, fue desterrado y se prohibió publicar sus obras hasta después de su muerte. Exponía que el ser humano comienza su evolución en el punto alfa con impurezas y debe evolucionar al punto omega, libre de ellas, que corresponde a la santidad, la iluminación o budeidad, con dominio de la Supraconciencia y control del ego. Es el estado alcanzado por un avatar.

Teilhard de Chardin siempre se esforzó en conciliar la ciencia con la fe católica.

Podemos descubrir y contactar con la Supraconciencia de varias maneras:

- **De forma inconsciente,** como ocurre en los pacientes que han vivenciado una ECM.
- **Mediante la meditación.** Es una técnica que pretende eliminar toda la tormenta de estímulos mentales, externos e internos, centrando la mente en un pensamiento para que pueda aflorar la Supraconciencia. El camino es el control de la relajación física y mental, la respiración y la concentración hasta llegar a la meditación profunda contactando con la Supraconciencia.

  La meditación es independiente de la filiación religiosa. Cierto es que la oración sincera, profunda, dirigida al Señor, tiene el mismo efecto.

  El equilibrio interno conseguido con la meditación tiene un efecto muy beneficioso sobre la salud y la felicidad. También se ha comprobado que los beneficios anímicos conseguidos con la meditación se acompañan de cambios morfológicos cerebrales que pueden detectarse con la resonancia magnética.

  La meditación es el mejor medio consciente para contactar y descubrir nuestra Supraconciencia, nuestra realidad existencial. Es y será, en un futuro próximo, la que hará despertar a la sociedad en crisis para controlar el gran egocentrismo que impera.

  La mente nos descubre el mundo material exterior; la meditación, el mundo espiritual interior.

  Por su gran importancia, dedicaremos un amplio capítulo a la meditación.
- **En situaciones de profunda crisis existencial,** que supone una desestructuración del andamio psicológico, que era un autoengaño. En la situación más conflictiva de la crisis,

incluso con ideas de autolisis, puede despertarse la Supraconciencia como una gran ayuda. Es una forma consciente de contactar con la conciencia no local y se puede calificar de gracia o don divino.

Una crisis siempre es positiva, puesto que condiciona una nueva estructuración psicológica, fuera del autoengaño, y —como comenta Einstein— siempre precisa más energía que la anterior situación para solventarla.

- **Adoptando la dinámica propia de la Supraconciencia, los arquetipos**, con la decisión de eliminar la ignorancia, mediante la búsqueda de información en la extensa bibliografía existente.

Conciencia Primera

Es la causalidad descendente, el diseñador inteligente, el origen de todo, como consta en el Génesis. Es el principio de todas las religiones, que le ponen un nombre según su idiosincrasia: Dios, Jehová, Alá, Brahman, Tao, Registro Akáshico...

Todas las religiones tienen la intención de nutrir el espíritu humano. Es obligado respetar y apreciar el valor de todas las confesiones religiosas del mundo. Han aportado grandes beneficios a millones de seres humanos a lo largo de los tiempos. Hay que desarrollar lazos lo más estrechos posible entre las diversas religiones en beneficio de la humanidad.

No es posible definir a Dios, pues, al aplicar nuestros conceptos, limitaríamos su autenticidad. Su infinitud está fuera de nuestra comprensión. Percibimos su existencia a través del amor. El amor es la energía que une la creación y emana de Dios.

El escritor y guionista británico Graham Greene (1904-1991) expresó la imposibilidad de abarcar la divinidad con el entendimiento cuando contó que no era capaz de creer en un Dios al que consiguiera comprender, pues entonces este tendría las limitaciones de él (Allain, 1983).

Con el desarrollo del método científico fundamentado en una ontología materialista, la humanidad se ha ido alejando de la divinidad y la trascendencia. Sin embargo, con la cosmología y la física cuántica, el ser humano se aproxima de nuevo a ellas. Está surgiendo un movimiento de espiritualidad. Hoy no se concibe la cosmología sin la visión cuántica. Evoluciona de un materialismo científico a un idealismo trascendente.

En los últimos cien años, más del 90 % de los galardonados con el Premio Nobel por sus trabajos en física cuántica creen en la divinidad, en un diseñador inteligente que está fuera de la creación y es el origen de todo.

Einstein, cuando le preguntaban si creía en Dios, respondía que solo porque hay leyes el universo es perfecto, y todas las leyes han sido puestas por alguien (Jammer, 2002).

El filósofo Ken Wilber (1949), en su libro *Cuestiones cuánticas* (2017), analiza la visión del origen del universo en los padres de la física cuántica: Planck, Pauli, Einstein, Bohr, Schrödinger, Heisenberg, Eddington y James. A modo de resumen, cabe recordar que, como dijo Pauli, nuestros esfuerzos para buscar explicaciones lógicas nos acaban conduciendo a aceptar la existencia de una inteligencia superior.

En realidad, la conclusión de Ken Wilber sobre los físicos teóricos es que son unos grandes místicos. Llegan a la misma conclusión que los que buscan la existencia de la Conciencia Primera a través de la espiritualidad. Ellos lo hacen a través de la ciencia.

Aceptan que el método científico es insuficiente e incompleto, precisando de una Conciencia Primera.

Toda la materia se origina y existe en virtud de una fuerza. Tras esa fuerza, dijo Max Planck, debemos asumir la existencia de una Mente Inteligente que es la matriz de toda la materia.

Todo el universo está conectado por una fuerza inteligente. Es la causación descendente, la Conciencia Primera.

Bohm habla de un universo holográfico. El universo es un gran holograma en que todo está interconectado y cada partícula tiene la información de todo.

James Lovelock, en su propuesta de Gaia, define que lo animado y lo inanimado están interconectados, como si fueran un solo organismo.

¿Cuál es el origen del universo y cuál es el origen de la vida en nuestro planeta? La respuesta a estas preguntas puede ayudarnos a demostrar la existencia de una Conciencia Primera.

La teoría materialista considera el universo como una singularidad, estática y eterna. No acepta ni un origen ni un fin. Todo es por azar, casualidad y evolución. Según Parménides, de la nada absoluta no se puede originar nada. La energía ni se crea ni se destruye, solo se transforma. Aceptar un origen presupone el hecho de crear y, por tanto, de una Conciencia Superior capaz de originar de la nada.

La teoría creacionista se fundamenta en la existencia de un origen y, por tanto, un fin del universo, con la intervención de un diseñador inteligente que creó de la nada, como ya se cita en el Génesis. Es la más aceptada en la actualidad y nos acerca de nuevo a la divinidad, a aceptar la existencia de una Conciencia Primera. Veamos algunas de las numerosas pruebas sobre el origen del universo:

1) Edwin P. Hubble (1889-1953) demostró que el universo tiene un origen. En 1929, con el telescopio más potente del momento, construido en el monte Wilson en California, este astrónomo estadounidense estudió la expansión del universo, comprobando que las galaxias se alejaban a mayor velocidad cuanto más alejadas estaban. Al rebobinar los resultados, pudo observar que todo coincidía en un punto, el momento del Big Bang.

   El Big Bang, nombre propuesto por el astrofísico británico Fred Hoyle (1915-2001), que posteriormente se aceptó como modelo cosmológico, corresponde a una singularidad, empezando a partir de una enorme temperatura que presentó inflación y expansión, originando el universo con el espacio, el tiempo, la materia y las cuatro fuerzas cósmicas (la gravedad, la electromagnética, la nuclear fuerte y la nuclear débil) hace 13 780 millones de años.

   Es la teoría más universalmente aceptada del origen del universo.
2) La radiación cósmica de fondo (o de microondas) es una radiación electromagnética residual del Big Bang. Fue descubierta por casualidad por los físicos y radioastrónomos Arno A. Penzias (1933-2024) y Robert W. Wilson (1936) en el año 1965, un hallazgo que les valió el Premio Nobel de Física en 1978.

   La radiación cósmica de fondo se considera la mejor evidencia del Big Bang.
3) El mapa de microondas del universo es la primera luz del universo.
4) La inflación y la expansión del universo son la confirmación del origen del universo.

5) La teoría de la relatividad de Einstein vincula el tiempo, el espacio y la materia, implicando la necesidad de un origen del universo. Todo el universo es una red de energía e información interconectada holográficamente, de manera no local, independiente del espacio y del tiempo.
6) Si tiene un origen, el universo tendrá un fin; es la muerte térmica. Por la segunda ley de la termodinámica, según la cual todo tiende al desorden, a la entropía, al consumirse todo el material radioactivo de las estrellas (hidrógeno, helio, deuterio y litio), estas colapsan, se contraen formando una gigante roja y después una enana blanca, hasta que se apagan con la muerte térmica y originan una estrella de neutrones o un agujero negro.
7) La existencia de constantes universales muy exactas que mantienen el funcionamiento perfecto y las propiedades del universo. La constante cosmológica de Einstein, la de expansión de Hubble, la de gravitación universal, la de la velocidad de la luz en el vacío, la de la carga elemental de un electrón, la de Planck y otras muchas son fundamentales para la comprensión de la física moderna y la cosmología. Una pequeña variación en alguna de estas constantes habría impedido la formación de átomos, moléculas, humanos, planetas, galaxias... y provocaría un cataclismo cósmico. Hay una precisión matemática del universo, lo que presupone la existencia de una Conciencia Primera.
8) El bosón de Higgs proporciona masa a las partículas subatómicas elementales. Si no existieran, el universo no sería como es y no habría vida.

El bosón de Higgs es el único mediador que tiene masa, espín de 0 y carece de carga eléctrica, con una vida media muy corta.

9) El universo tiene un objetivo inteligente, una finalidad y una evolución.
10) El universo tiene un orden exquisito porque sigue unas leyes, y si hay unas leyes, una inteligencia superior las ha puesto, como afirmó Einstein.
11) Para colapsar la energía en materia en un punto, el Big Bang, se precisa una conciencia inteligente, la Conciencia Primera.
12) La asimetría entre materia y antimateria, con predominio de la primera, originó el universo; de lo contrario no existiría ni este ni la vida.

Pensar que se puede producir y mantener el universo por azar es una utopía. Se ha calculado matemáticamente la probabilidad y resulta un valor inasumible.

13) El origen de la vida en nuestro planeta hace 4000 millones de años. Requiere unas condiciones apropiadas, el principio antrópico. Todo se ajusta con enorme precisión, nada se deja al azar, todo está bien ajustado.

La vida es un sistema evolutivo por selección natural que condiciona la supervivencia.

Es un sistema de crecimiento continuo del orden. Va contra la segunda ley de la termodinámica, que expresa la evolución hacia el desorden, la entropía. Es un orden dentro de un desorden.

La vida se generó en un ambiente con determinadas propiedades ambientales, físicas y químicas, aptas para el desarrollo de los seres vivos, a partir de la materia, de moléculas inorgánicas sencillas, que posteriormente formaron moléculas proteicas más complejas, al incorporar el carbono. Es el principio antrópico.

En el ámbito científico se afirma el origen de la vida desde un claro materialismo biológico.

El científico estadounidense Stanley Miller (1930-2007), conocido por sus estudios sobre el origen de la vida, realizó en 1953 una simulación de las condiciones primitivas de la Tierra. Disolviendo en agua los componentes de la atmósfera primitiva (metano, amoniaco, agua e hidrógeno) en un entorno similar al existente en la tierra en aquellos momentos, y con la ayuda de la electricidad, obtuvo adenina, un aminoácido básico en la molécula proteica, esencial en la vida humana. Este experimento simula la formación de moléculas orgánicas a partir de las inorgánicas.

En 1961 el bioquímico español Juan Oró (1923-2004), estudioso del origen de la vida en la Tierra, descubrió la síntesis del aminoácido adenina a partir de una mezcla de agua y gases, aplicando descargas eléctricas de alto voltaje.

También se ha valorado la hipótesis de una intervención exterior cósmica en el origen de la vida en nuestro planeta, basada en la existencia de vida en otros lugares del espacio. Se define con el nombre de panspermia cósmica, defendida por el físico y químico Svante A. Arrhenius (1859-1927), premio nobel de química, con la llegada de materia orgánica, semillas y esporas, encontradas en el interior de meteoritos, desde el espacio interestelar.

El primer ser vivo, LUCA (ancestro común de todos los demás), fue un ser unicelular procariota vegetal, la cianobacteria, sumamente resistente a entornos agresivos.

La vida requiere la capacidad de autorreplicarse, mantener diversas funciones biológicas y relacionarse con el entorno. Se precisa ácido desoxirribonucleico (ADN), con el código genético que asegura la continuidad de la vida; ácido ribonucleico (ARN), que transporta la información del ADN a los ribosomas para la síntesis de las proteínas; y una compleja membrana celular, auténtico cerebro de la célula, para controlar la entrada y la salida de sustancias. Todas estas moléculas y estructuras son tan complejas, que es inaceptable su aparición únicamente por azar, evolución, darwinismo o neodarwinismo.

El reino animal apareció hace 450 millones de años con los protozoos y metazoos, invertebrados marinos con capacidad de formar tejidos.

Hemos de aceptar una evolución creativa en las especies, con intervención del darwinismo y el neodarwinismo. En determinados momentos, en el estudio de la evolución de los fósiles, se observan saltos cuánticos con intervención de la causación descendente.

14) Los campos morfogenéticos son grupos celulares del embrión, que determinan la estructuración y la diferenciación celular y la formación de un órgano en particular. Contienen instrucciones precisas sobre la forma y el funcionamiento de los órganos correspondientes. Media la relación entre el genotipo y el fenotipo. Es la célula y no el genoma la que actúa como unidad de estructura y función orgánica. Es el campo morfogenético el que funciona como unidad ontogénica, y no los genes.

El concepto de campo morfogenético fue desarrollado por Scott F. Gilbert (1949), biólogo e historiador de la biología, en 1996. Los campos morfogenéticos, por su exactitud, al igual que las constantes cósmicas, son manifestación de la Conciencia Primera, del diseñador inteligente.

15) Se producen 2,5 trillones de reacciones bioquímicas por segundo en el conjunto del ser humano. Es imposible controlar tal magnitud de actividad celular a través del ADN y el sistema nervioso vegetativo. Solo es posible justificarlo a través de la biología cuántica por el fenómeno del entrelazamiento cuántico, a partir de un centro energético holográfico no local, holístico con la Conciencia Primera. Nuestro cuerpo tridimensional es la proyección holográfica de la Supraconciencia.

16) El físico teórico Amit Goswami (1936), en su estudio filogenético de las especies, comprueba una falta de evolución en los fósiles de las especies. Hay saltos inexplicables en la evolución que condicionó los homínidos: peces-anfibios-reptiles-aves-mamíferos-primates-homínidos. Por ejemplo, hay una falta de evolución de reptiles a aves. Hay saltos bruscos, por intervención del diseñador inteligente, la causación descendente.

Estos saltos no pueden explicarse con el evolucionismo darwiniano.

17) El universo tiene una finalidad, un objetivo con una intención lógica. Tiene un orden inteligente y sigue unas leyes.

18) Uno de los grandes defensores del ateísmo, el filósofo británico Antony Flew (1923-2010), planteó en 2004 un

acercamiento al deísmo y, más tarde, escribió el libro *Dios existe: cómo cambió de opinión el ateo más famoso del mundo* (2012). Terminó creyendo en la existencia de una Inteligencia Creadora.

Son numerosas las pruebas de la intervención de una causación descendente, de una Conciencia Inteligente Primera, que creó el universo de la nada, con un principio y un fin.

El estudio del origen del universo y el origen de la vida en nuestro planeta nos acerca a la divinidad.

El universo no existiría sin una Conciencia Primera, un diseñador inteligente que lo creara. Es el biocentrismo del médico e investigador estadounidense Robert Lanza (1956). También considera la muerte como una ilusión que afecta a nuestro cuerpo, pero nuestra realidad es energía, la Supraconciencia, que es eterna.

Dios, la energía primera

Existe un Dios bondadoso y amoroso que se manifiesta en cada uno de nosotros, en la Supraconciencia y en todo lo creado. Es el Dios del filósofo neerlandés Baruch Spinoza (1632-1677), una realidad eterna, infinita, perfecta, comprensiva y dada al perdón, muy distinta del juez estricto del teísmo clásico, que solo reside en los templos y castiga sin compasión. Dios está en todas partes, en todo lo que nos rodea, y el universo y la vida son obra suya.

Repercusión psicológica

Las experiencias cercanas a la muerte condicionan un profundo impacto psicológico al paciente, que perdura durante toda su vida y que afecta especialmente a su concepción existencial. Cambia su dinámica vital, valores, creencias religiosas y comportamiento.

A consecuencia de las patologías graves que padecieron mis pacientes y por mi interés en investigar la evolución del impacto de las ECM, he seguido a estos pacientes en consultas externas, pudiendo comprobar su evolución:

- Gran incomprensión en el entorno, tanto en el ámbito sanitario (médicos y enfermeras) como en el familiar y social. El periodo de integración puede ser difícil. Para los pacientes, la ECM es real e importante. Quieren comentarlo, pero les resulta imposible por la incomprensión a todos los niveles. Algunos pacientes han sido diagnosticados de psicópatas por comentar su ECM, recibiendo tratamiento psiquiátrico.

  Los pacientes insisten mucho en la realidad de las ECM, diferenciándolas de los sueños.

  Este es el motivo por el que se sospecha que la incidencia de las ECM, que actualmente se sitúa entre un 20 y un 25 %, sea mayor, pues muchas deben de quedar en el anonimato al no ser comentadas por los pacientes.
- Aumenta el valor de la conciencia con control y deterioro del ego.
- Mejora su relación social, se vuelven más empáticos, comprensivos y tolerantes, y menos críticos.

- Tienen más curiosidad en temas relacionados con la conciencia, la filosofía y la psicología.
- Su vida adquiere mayor comprensión e importancia. Valoran los pequeños detalles y especialmente el momento presente.
- Sienten un gran respeto hacia los animales y la naturaleza.
- Pierden el miedo a la muerte. Son muy conscientes de que la muerte es totalmente diferente a lo que se habían imaginado. Tienen una total certeza de la existencia de una vida después de la muerte física. He recogido estos comentarios de mis enfermos con ECM: 1) «con la muerte física no termina nuestra vida, contacté con mi madre ya fallecida, sigue viva en otra dimensión», 2) «usted me perjudicó reanimándome, yo no quería regresar a la dimensión humana».

  Para ellos, la muerte es el renacer en la verdadera vida. La muerte supone cerrar un capítulo de nuestra evolución vital tridimensional.

  La pérdida del miedo a la muerte se hace más patente con el paso de los años.
- Nacer supone introducirse en un cuerpo, un estuche, un traje que es materia que nos presta el universo durante un período finito, es polvo de estrellas que se originó en el Big Bang hace 13 780 millones de años. Con el tiempo, se irá deteriorando hasta llegar a ser incompatible con la vida, momento de devolverlo al universo sin que se pierda un solo átomo.

  Nacer es entrar en un campo de vibración más denso, el mundo físico, con la finalidad de poder evolucionar, el mundo de la ilusión y del ego. Al entrar en el mundo físico, experimentamos la separación, la dualidad, olvidando nuestra auténtica identidad, la Supraconciencia.

- Se vuelven más intuitivos.
- Los que vieron su vida durante la ECM recuerdan con pesar aquellas acciones conscientes negativas que hicieron a personas, a animales o al planeta. Vivencian el sufrimiento que provocaron a las personas que perjudicaron.
- Se vuelven empáticos y bondadosos, consecuencia de una disolución del ego, que fomenta un sentido de unidad e interconexión con los demás.
- Su dinámica vital se rige por los arquetipos.

  Entrevisté a un médico que presentó una ECM por un trastorno del ritmo cardiaco, un bloqueo completo. Manifestó que, después de ver su vida, decidió voluntariamente regresar a la dimensión humana para reparar el mal efectuado.

- Se despierta en ellos la espiritualidad y pierde interés la filiación religiosidad. La espiritualidad es mirar hacia dentro, es buscar la esencia de uno mismo. Está ligada al concepto de vida interior, es conocerse uno mismo, es buscar el auténtico yo. Es enfrentarse a uno mismo desnudo, como realmente eres. Condiciona una necesidad imperiosa de comunicarse con la Conciencia Primera, su origen, una relación íntima independiente de los dogmas religiosos.

La espiritualidad es una experiencia subjetiva de una dimensión trascendente, sagrada, que abarca los valores y significados más profundos de la existencia humana. Esto implica la creencia en un estado energético sobrenatural más allá del mundo tridimensional observable. Se relaciona también con la práctica de la virtud.

Dios, el amor puro que describen los pacientes en las ECM, tiende a perderse entre la maleza de los dogmas religiosos contemporáneos, que entran en conflicto.

La espiritualidad es un conjunto de cualidades como bondad, amabilidad, compasión y atención a los demás. Estos principios básicos de la espiritualidad afectan tanto a los creyentes como a los no creyentes. Son comunes para toda la familia humana. Sin ellos, la civilización se autodestruiría.

Tradicionalmente, a la religión se la consideraba responsable de prescribir el comportamiento bueno y sano. En la sociedad actual, los pacientes con ECM refieren que la religión ha perdido prestigio e influencia, al ser dogmática y sexista, y no ha surgido algo capaz de sustituirla, como una ética laica.

Es necesario eliminar la gran ignorancia y falta de educación que ha alcanzado nuestra sociedad. El ser humano es esencialmente sensible, benévolo y no agresivo. Sus sentimientos naturales son el amor, el afecto, la intimidad y la compasión. Su práctica es el camino hacia la salud y la felicidad.

Teilhard de Chardin consideraba que la espiritualidad no es lo mismo que la religión. Su pensamiento buscaba la integración de la ciencia con la mística, el pensamiento científico con la fe. La espiritualidad es una, invita a razonar y a cuestionarlo todo, da paz interior, estimula a aprender del error. La espiritualidad está en Dios, es divina y nos une, hay que buscarla para creer. La espiritualidad vive en la Supraconciencia y tiene que ver con el SER buscando la trascendencia, haciéndonos vivir en Dios sin renunciar a nosotros. La espiritualidad es oración y meditación, nos hace vivir la gloria y el paraíso aquí y ahora liberando nuestra conciencia en el presente. La espiritualidad nos hace conscientes de la vida eterna y nos hace encontrar a Dios en nuestro interior durante la vida y la muerte.

- Estos cambios existenciales y psicológicos pueden condicionar dificultades al retornar a su antiguo rol vital, especialmente en las relaciones personales.

3

Fenómenos trascendentes

Hay vivencias que no encajan en los dogmas establecidos. Personas de todo tipo —sin buscarlo, sin esperarlo— nos cuentan experiencias que desbordan lo que solemos entender como normal. Decenas de ellas nos llegan semanalmente por correo electrónico y por WhatsApp. No podíamos obviarlas en este nuevo libro y por eso escribimos este capítulo. Aunque nuestra experiencia directa no es clínica ni experimental, sí hemos recibido numerosos relatos de pacientes, familiares y profesionales de la salud que las han vivido directamente.

Algunas experiencias que nos llegan se repiten con matices distintos. Otras parecen surgir en un lugar donde la ciencia aún no ha llegado del todo. A este conjunto de vivencias las llamamos aquí **fenómenos trascendentes**, y hemos elegido este adjetivo porque parecen ir más allá de lo conocido, de lo medible, de lo que podemos explicar con nuestros cinco sentidos.

«Trascendente», en su raíz, habla de lo que se desborda, de lo que supera un límite. También podríamos llamarlos fenómenos extraordinarios, en el sentido más simple del término: experiencias que se salen de lo habitual. Elegimos aquí el término «experiencias» precisamente porque todas ellas han sido vividas en primera persona. Son hechos narrados por quienes los experimentaron, no ideas abstractas ni suposiciones. Por eso creemos que merecen atención científica y compasiva, como toda vivencia humana.

No podemos insertarlas todas en el cajón de las alucinaciones. No sería justo para todas estas personas que se han atrevido a contarlas. Tampoco para su entorno ni para el mundo científico que sí ha empezado a investigarlas.

Son situaciones reales que muchas personas han vivido y que —por falta de comprensión— suelen quedar atrapadas entre la duda, el miedo o la vergüenza. A veces, quien las ha vivido se las calla para no ser juzgado. Otras, se atreve a contarlas y encuentra la burla, la incredulidad o el silencio incómodo de quien no sabe qué decir.

Este capítulo quiere ser otra cosa. Una invitación a mirar sin burlas, sin etiquetas, sin prisas por juzgar. Porque quienes han vivido uno de estos fenómenos no necesitan explicaciones perfectas, sino un lugar donde no se les tache de enfermos, ni de ingenuos ni de farsantes. Y porque quienes los acompañan —familiares, médicos, amigos, científicos— también merecen herramientas para comprender y no rechazar lo que no les encaja a la primera.

Queremos insistir en que no tenemos experiencia directa en estos fenómenos, excepto en las experiencias cercanas a la muerte y la lucidez terminal. Sin embargo, hemos decidido incluirlos en este libro por su interés y relevancia.

La historia ya habla de estos fenómenos

Durante siglos, este tipo de fenómenos ha sido compartido por diferentes culturas: oráculos griegos, chamanes amazónicos, médiums del siglo XIX... Todos ellos, desde su contexto, afirmaban haber accedido a dimensiones de la realidad que no se explicaban solo con la lógica ordinaria. Pero no fue hasta finales del siglo XIX cuando algunos científicos e intelectuales decidieron observar y documentar relatos y someterlos a estudio con el mismo rigor que cualquier otro fenómeno observable.

En 1882 nació en Londres la Society for Psychical Research (SPR), con figuras como Frederic Myers, Henry Sidgwick, William Barrett, Edmund Gurney y William James como impulsores. Su objetivo era ambicioso y valiente: aplicar el método científico a lo que hasta entonces había sido patrimonio exclusivo de la religión o la superstición. A través de miles de casos recogidos en documentos, cartas, entrevistas y experimentos, la SPR inició el camino de una ciencia ampliada que no negara lo subjetivo ni lo anómalo, apostando por una investigación rigurosa de experiencias humanas no convencionales.

Muchos de los miembros de la SPR eran científicos reputados. Algunos de ellos incluso recibieron importantes galardones, como el francés Charles R. Richet (1850-1935), premiado con el Nobel de Medicina en 1913 y que estudió fenómenos de materialización en sesiones mediúmnicas, y el británico Brian D. Josephson, nobel de física en 1973 y defensor de la investigación sobre percepciones extrasensoriales. También los acompañó el químico y físico británico sir William Crookes (1832-1919), descubridor del talio y miembro de la Royal Society, del que hablaremos más adelante. Sus observaciones, rigurosamente documentadas, desafiaron las certezas de la física clásica de su tiempo.

La mayoría de estos investigadores no pretendían convencer, sino comprender. Eran conscientes de que muchos de los fenómenos observados se situaban en el límite entre lo psíquico, lo físico y lo espiritual, y que para estudiarlos con honestidad era necesario un nuevo tipo de mirada. No una fe ciega, pero tampoco un escepticismo dogmático. Una tercera vía: la observación y la documentación sin prejuicios.

Este capítulo, por tanto, no es una defensa de lo inexplicable. Es un recorrido por fenómenos que aún no comprendemos y de los que no encontramos el mecanismo de acción ni su causa, pero que siguen sucediendo. Y que, cuando se repiten con patrones, cuando resisten la crítica, cuando transforman la vida de quienes los viven, merecen ser investigados, no ridiculizados. Si bien no los hemos experimentado en primera persona, sí hemos recogido con atención muchos testimonios directos y revisado una amplia bibliografía que respalda su estudio.

Una gran parte de la investigación neuropsicológica se fundamenta necesariamente en informes subjetivos. Por ejemplo, los conocimientos que tenemos sobre la depresión dependen en gran medida de las descripciones que hacen los individuos de sus estados internos. La subjetividad, como indica el psicólogo Alexander Batthyány (1971), lejos de ser un obstáculo, constituye el punto de partida de la ciencia, puesto que sin ella no podríamos correlacionar sucesos mentales y neuronales.

Abordamos en profundidad en este capítulo experiencias que desafían nuestro conocimiento sobre el tiempo, el espacio y la conciencia. Aunque son muy diversas, profundizaremos en las más frecuentes:

- La clarividencia.
- La telepatía.
- Las vivencias místicas.
- La precognición.
- La psicoquinesis.
- Las experiencias de los moribundos o lucidez terminal.

Algunas de estas experiencias se han investigado en laboratorios, con controles y protocolos estadísticos. Otras se han estudiado en hospitales, en hogares, en situaciones límite o directamente en el testimonio de quienes los han vivido. No hay aún una explicación completa para todas ellas. Pero la ciencia, cuando es honesta, no empieza por la certeza.

Empieza por una pregunta bien formulada, por la observación y la investigación a partir de ella, tanto en el laboratorio como fuera de este, en la propia naturaleza.

Durante las últimas décadas, investigadores como Frederic Myers, J. B. Rhine, Helmut Schmidt, Dean Radin, Daryl Bem y Rupert Sheldrake han dedicado su vida a estas preguntas. Algunos lo hicieron en entornos académicos. Otros, desde laboratorios privados. Casi todos fueron cuestionados. Pero su trabajo abrió un camino que hoy otros investigadores, con nuevas herramientas, han continuado con más libertad y más profundidad.

Uno de esos investigadores es Álex Gómez-Marín, físico teórico y doctor en Física por la Universidad de Barcelona, al que hemos conocido en la parte final de la redacción de este libro y al que agradecemos profundamente toda su colaboración. Álex ha trabajado en centros de referencia como el Centro de Regulación Genómica (CRG) en Barcelona y el Instituto Champalimaud en Lisboa. Desde 2016, dirige el laboratorio Behavior of Organisms en el Instituto de Neurociencias del Consejo Superior de Investigaciones Científicas, y desde 2022 es también director del Pari Center, en la Toscana italiana.

Sus investigaciones han sido publicadas en revistas de gran impacto, como *Nature Neuroscience* y *Science*. En 2021 sufrió una hemorragia interna que lo dejó al borde de la muerte. Lo que vivió en aquellos segundos lo llevó a replantearse muchas certezas, también como científico. Desde entonces, ha centrado parte de su trabajo en explorar los márgenes de la conciencia: ECM, sincronicidades, percepciones fuera del canal sensorial ordinario...

Hoy, Álex forma parte de un grupo creciente de científicos que no descartan lo inexplicable, sino que lo estudian con rigor y sin prejuicios. Él mismo profundiza en todo esto desde la ciencia, la filosofía y la experiencia vivida.

Lo que presentamos aquí es solo una aproximación. Pero si te resuena lo que estás leyendo, si alguna vez viviste algo que no supiste cómo contar o si conoces a alguien a quien nunca supiste cómo escuchar, entonces este capítulo es también para ti.

Primer fenómeno: clarividencia

La clarividencia es uno de esos fenómenos que la gente sigue contando, aunque no siempre sepa cómo llamarlo. Un ejemplo clásico es la llamada visión remota, ampliamente documentada en el proyecto Stargate, iniciado por Hal Puthoff (1936) y Russell Targ (1934) a finales de la década de 1970. En estos experimentos, varias personas fueron capaces de describir con notable precisión lugares y objetos ocultos sin tener contacto sensorial alguno con ellos.

Otro fenómeno investigado es la visión extraocular, en la que algunos niños —con los ojos vendados— logran reconocer imágenes o textos. Aunque controvertido, se ha estudiado en contextos experimentales y sigue desafiando las explicaciones convencionales. No hay una regla: unas veces, llega como una imagen repentina; otras, como un pensamiento extraño que insiste o una intuición que se impone sin motivo aparente.

Quien ha vivido algo así suele recordarlo con claridad. No porque sepa explicarlo, sino porque no se parece a nada. Y muchas veces, al intentar contarlo, se encuentra con sonrisas nerviosas o con ese gesto que mezcla escepticismo con incomodidad. Lo que suele pasar entonces es que la gente se lo guarda. Pero sigue ocurriendo. Y cuanto más se escucha a las personas sin juzgar, más casos aparecen.

Desde hace más de un siglo, algunos investigadores se han tomado en serio estas experiencias. Uno de los primeros fue Frederic Myers (1843-1901), quien fundó en Londres la Society for Psychical Research en el siglo XIX. Su objetivo no era probar creencias, sino recoger los datos con el mismo cuidado que en cualquier otra rama del conocimiento. No buscaba convencer, sino entender.

Myers no se propuso probar nada por la fuerza, sino documentar con seriedad los testimonios y buscar patrones. A partir de sus estudios nació un campo que luego desarrollaron otros investigadores como el botánico estadounidense J. B. Rhine (1895-1980), quien diseñó experimentos en la Universidad de Duke, en Carolina del Norte, para analizar la percepción extrasensorial sin influencias externas mediante unas tarjetas especiales, las cartas Zener. Diseñadas por el psicólogo de la percepción Karl Zener (1903-1964), eran veinticinco naipes y, en cada cinco de ellos, se repetía un símbolo: un círculo hueco amarillo, un signo de suma rojo, tres líneas onduladas verticales azules, un cuadrado hueco negro o una estrella hueca de cinco puntas verde. Rhine barajaba las cartas, sin mostrar el símbolo, y el participante debía intentar adivinar cuál era. Este experimento se repitió miles de veces. El resultado fue intrigante: algunos estudios mostraron desviaciones estadísticas leves por encima del azar, pero su consistencia y replicabilidad han sido cuestionadas. ¿Significaba eso que podían «ver» lo que no estaba a la vista?

Rhine se esforzó por perfeccionar los protocolos, eliminar sesgos y aumentar el rigor estadístico. Aun así, fue criticado por parte del estamento científico. Lo cierto es que, aunque los resultados no eran espectaculares, sí había desviaciones estadísticamente significativas que abrían la puerta a algo nuevo. El propio Rhine reconoció que no había certezas, pero algo pasaba, y no podía explicarse simplemente como suerte.

Más allá del laboratorio, la clarividencia se ha observado en numerosos estudios de caso, tanto en contextos clínicos como en relatos espontáneos. Personas que «saben» el diagnóstico de un ser querido antes de que se lo comuniquen. Niños que dibujan un accidente días antes de que suceda. Padres que despiertan en mitad de la noche sabiendo que algo le ha ocurrido a su hijo, y aciertan. ¿Son coincidencias? ¿Memoria selectiva? ¿Lecturas simbólicas del pasado? Cuando los relatos se acumulan y los datos encajan con precisión, la pregunta vuelve con fuerza: ¿y si estuviéramos ante un canal de percepción que aún no comprendemos?

Algunos investigadores, como el propio Àlex Gómez-Marín, han insistido en que la clarividencia no debe medirse solo con los instrumentos de la psicología tradicional. A veces, lo que falla no es el fenómeno, sino el modo en que intentamos estudiarlo. Si usamos herramientas diseñadas para medir lo conocido, difícilmente podremos captar lo que escapa a ese marco. Por eso, cada vez más estudios se centran en documentar experiencias reales en su contexto, sin reducirlas a pruebas de laboratorio que, por su propia estructura, pueden eliminar lo esencial del fenómeno.

Una de las figuras históricas más destacadas en la investigación de la clarividencia fue el ingeniero químico polaco Stefan Ossowiecki (1877-1944), un psíquico ampliamente documentado por la SPR. Ossowiecki fue estudiado durante las décadas de 1920 y 1930 por científicos de renombre, y sus aciertos fueron registrados con gran precisión. En uno de sus experimentos más conocidos, describió con exactitud el contenido de cartas selladas que ni siquiera el experimentador conocía, abriendo la posibilidad de que el conocimiento pueda ser accesible incluso sin estar presente en ninguna mente humana. Sus aciertos fueron publicados y verificados por comités independientes, siendo considerado uno de los casos más sólidos encontrados.

También se han documentado fenómenos similares en personas anónimas, en especial durante estados alterados de conciencia como el sueño, la meditación profunda o situaciones cercanas a la muerte. En muchos de estos relatos, las personas describen imágenes, escenas o lugares desconocidos que más tarde se confirman. En estudios retrospectivos realizados por investigadores de la SPR, se ha observado que estas experiencias a menudo vienen acompañadas de una intensa carga emocional, lo que podría ser un factor facilitador.

Desde la perspectiva teórica, la clarividencia plantea preguntas profundas sobre la naturaleza del tiempo y del conocimiento. Algunos investigadores, como Stanford y Roll, han propuesto que podría tratarse de una forma de acceso inconsciente a una base de datos universal, o de interacción con una dimensión temporal no lineal. El psicólogo Rex Stanford (1938-2022) fue profesor en St. John's University, en Nueva York, y está considerado uno de los parapsicólogos más influyentes del siglo xx, mientras que el también psicólogo y parapsicólogo de origen germano-estadounidense William G. Roll (1926-2012) fue profesor en la University of West Georgia, donde desarrolló programas pioneros en psicología anómala.

La clarividencia también ha sido tema de reflexión en la filosofía de la mente. El filósofo y psicólogo estadounidense William James (1842-1910), profesor en Harvard y hermano del reconocido escritor Henry James, se interesó a principios del siglo xx por lo que llamaba «estados místicos» o «formas ampliadas de percepción». No afirmaba que fueran necesariamente sobrenaturales, pero sí advertía que ignorarlas por no poder explicarlas era un error epistemológico. James creía que la conciencia podía extenderse más allá del «yo» habitual, y que algunas personas eran más permeables a esa expansión (James, 2017).

La clarividencia sigue siendo un fenómeno sin justificación, que el método científico cartesiano y newtoniano ha excluido de su estudio. No hay un consenso claro, pero sí una creciente base de datos de observaciones, experimentos, hipótesis y testimonios. Quizá su mecanismo escape a nuestro conocimiento, pero para quienes lo viven, la huella es imborrable.

Mediumnidad

Incluimos este fenómeno dentro de la clarividencia, aunque sus características son tan precisas y su bibliografía tan extensa que hemos querido darle un espacio concreto en este capítulo.

Hay personas que aseguran haber recibido mensajes de alguien que ya ha muerto. A veces, dicen que escucharon su voz. Otras, que sintieron una idea, una frase, una presencia. No es fácil contar algo así sin miedo al juicio ajeno. Por eso muchas veces se guarda en silencio. Pero esas historias están ahí. Y no son nuevas.

Desde hace siglos, se habla de personas capaces de convertirse en un canal entre este mundo y la dimensión astral, la que viene después de la muerte. Se los ha llamado médiums. Algunos lo hacen de forma espontánea, sin buscarlo. Otros se preparan y entrenan para ello. Lo cierto es que, en muchos casos, los mensajes que dicen recibir no parecen salir de ellos mismos. Hablan de cosas que no sabían, con palabras que no usan. Y eso desconcierta.

Allan Kardec aplicó metodología para estudiar el fenómeno

Uno de los primeros que trató de entender este fenómeno fue el pedagogo y traductor francés Hippolyte Léon Denizard Rivail (1804-1869), aunque se lo conoce mucho más por el nombre que adoptó para estos temas: Allan Kardec. Kardec no decía tener capacidades mediúmnicas. Su metodología se basó en recoger cientos de sesiones en las que distintos médiums contestaban a las mismas preguntas. Lo que le llamó la atención fue que, siendo personas diferentes, en lugares distintos y en momentos sin conexión, las respuestas coincidían más de lo esperable.

Con ese material redactó *El libro de los espíritus* (1857), seguido de *El libro de los médiums* (1861) y *El Evangelio según el espiritismo* (1864). En ellos no solo compartía los mensajes recibidos, sino también reflexiones sobre el sentido de la vida, la muerte y lo que podría haber más allá. No hablaba desde la fe, sino desde la observación. Repetía preguntas, comparaba lo que se decía y descartaba lo que no cuadraba. Puede gustar o no lo que concluyó, pero su método fue más riguroso de lo que muchos piensan. Por este motivo lo incluimos en este capítulo y lo nombramos en muchas conferencias.

Hoy, en países como Brasil, el espiritismo que él fundó convive con médicos, psicólogos, trabajadores sociales... Forma parte de la vida cotidiana de miles de personas. No como una religión cerrada, sino como una manera de dar sentido a lo que la ciencia aún no explica del todo: ese momento en que algo o alguien nos habla, y sentimos que no viene de dentro.

Observación y documentación

Uno de los primeros en estudiar sistemáticamente este fenómeno fue sir William Crookes, quien investigó a la médium Florence Cook, la cual, en sesiones documentadas, aparentemente materializaba una figura llamada Katie King. Aunque sus conclusiones fueron recibidas con escepticismo, Crookes afirmaba que había verificado la autenticidad de las manifestaciones mediante instrumentos de laboratorio y observación directa. No buscaba demostrar una doctrina, sino responder con seriedad a una pregunta científica: ¿puede existir una conciencia que actúe fuera del cuerpo físico?

Otro pionero fue Frederic Myers, cofundador de la SPR, quien propuso la existencia de una conciencia subliminal o extendida, capaz de recibir impresiones más allá del canal sensorial ordinario. Myers recopiló cientos de comunicaciones mediúmnicas que parecían contener información desconocida para el médium, pero verificable posteriormente, y que a menudo transmitían un estilo, un lenguaje y una personalidad coherentes con la identidad del fallecido.

Entre los casos más documentados está el de la médium estadounidense Leonora Piper (1857-1950), investigada durante más de veinte años por psicólogos y filósofos como William James, Richard Hodgson (1855-1905) y James Hyslop (1854-1920). Piper entraba en trance profundo y hablaba con voces que afirmaban ser personas fallecidas. Muchos mensajes contenían datos privados que ni Piper ni los investigadores conocían previamente. El doctor Hodgson, inicialmente escéptico, acabó afirmando que la hipótesis más plausible era que Piper estaba en contacto con entidades conscientes que habían sobrevivido a la muerte.

Investigaciones recientes como las del Institute of Noetic Sciences (IONS), dirigidas por Helané Wahbeh, y el programa financiado por el empresario Robert Bigelow (1944) han relanzado el estudio de la mediumnidad y la posible supervivencia de la conciencia desde una perspectiva científica y metodológicamente rigurosa.

Además, estudios realizados por la investigadora estadounidense Julie Beischel han intentado replicar sesiones mediúmnicas bajo condiciones de doble ciego (como se explica más adelante), eliminando pistas sensoriales y manipulaciones. En varios ensayos, los médiums certificados proporcionaron descripciones significativamente más precisas que el azar respecto a personas fallecidas a las que nunca conocieron, y cuyas identidades estaban ocultas.

La doctora Beischel, especializada en el estudio científico de la mediumnidad, dirige el Windbridge Research Center, una organización que investiga este fenómeno desde un enfoque experimental, con métodos científicos.

Beischel diseñó una serie de experimentos con doble ciego, un método en el que ni el médium ni el investigador que le hacía las preguntas sabían quién era la persona fallecida. Toda la información personal estaba oculta para evitar pistas indirectas (por ejemplo, tono emocional, expresiones, gestos, nombres...).

Esto eliminaba todas las posibles trampas o efectos no conscientes que podían ocurrir, como deducciones a partir de la lógica o intuiciones por pistas del interlocutor.

Desde la ciencia oficial, estos fenómenos siguen siendo explicados por teorías psicológicas como el subconsciente, la lectura en frío (a medida que la persona reacciona con palabras, gestos o emociones, el médium ajusta su discurso) o la hipermemoria inconsciente (el médium que «sabe» el nombre de un familiar fallecido de otra persona podría haberlo oído en una conversación meses antes, sin prestarle atención, y su cerebro lo recupera en un momento adecuado sin que el mismo médium sea consciente del origen). Pero incluso desde esa perspectiva, la mediumnidad plantea una pregunta de fondo: ¿cómo explicar la coherencia interna de los mensajes, su precisión y el impacto emocional que provocan en quienes los reciben?

Para la redacción de esta sección, se ha consultado ampliamente la *Psi Encyclopedia*, una plataforma en inglés mantenida por la SPR que recopila investigaciones rigurosas sobre fenómenos extraordinarios (disponible en <psi-encyclopedia-spr.ac.uk>). A diferencia de otras fuentes generalistas como *Wikipedia*, que abordan estos temas desde un enfoque escéptico, esta enciclopedia ofrece una mirada abierta y crítica, basada en testimonios documentados, revisión histórica y estudios replicables.

En esta fuente se insiste en que el fenómeno no debe ser evaluado únicamente desde su interpretación espiritual o religiosa. En muchos casos, lo que está en juego no es solo una creencia, sino una experiencia profunda de contacto, duelo y transformación.

> Numerosos testimonios indican que recibir un mensaje veraz, que nadie más podría saber, de un ser perdido provoca un cambio profundo en nuestra relación con la muerte.

La mediumnidad, por tanto, no es solo un fenómeno paranormal: es también una experiencia humana significativa. No sabemos aún con certeza qué ocurre. Pero mientras siga habiendo personas que, sin buscarlo, sienten que alguien les habla desde otro lugar —y mientras esos mensajes aporten datos y consuelo reales—, el fenómeno merece ser escuchado con respeto y estudiado con rigor.

Y más allá de lo que uno crea, lo que está claro es que muchas personas han encontrado consuelo en estas experiencias. Algunas dicen que les permitió cerrar una herida. Otras, que ya no le tienen tanto miedo a la muerte. Y aunque todo esto sea difícil de medir, por el momento, no es tan difícil de comprender si uno escucha con el corazón abierto.

En el ámbito científico contemporáneo, la mediumnidad ha sido objeto de algunos estudios que exploran su impacto emocional y su posible valor terapéutico en procesos de duelo. Aunque los resultados son incipientes y no hay consenso, sí se reconoce que quienes viven experiencias mediúmnicas —como canalizadores o como receptores— a menudo afirman haber experimentado un alivio profundo del dolor, una forma de sanación interior que, sea como sea, merece ser tomada en cuenta.

Segundo fenómeno: telepatía

Pensar en alguien, sin motivo aparente, y recibir una llamada de esa misma persona pocos segundos después. Hay momentos en los que uno simplemente sabe. No porque lo haya deducido, ni porque nadie se lo haya contado. Sabe que alguien piensa en él. Que está a punto de recibir una llamada. Que algo está pasando al otro lado del mundo, y que tiene que ver con alguien a quien quiere. Luego sucede, y todo encaja. Pero no se puede explicar. Tampoco se puede demostrar, al menos no con facilidad. Y por eso muchos lo callan. Otros lo cuentan. Nos lo han explicado con detalle en muchos correos electrónicos. Explicaciones subjetivas, sí. Pero también cientos de correos con matices similares. Merece ser explicado y que la ciencia lo estudie. Sin lugar a dudas.

La telepatía no es un fenómeno raro. Tampoco es exclusivo de quienes se dedican a lo espiritual o lo místico. Aparece en las historias de gente corriente: abuelos, hermanos, amigos, hijos. Personas que, sin buscarlo, se han sentido conectadas con otra mente sin ningún canal intermedio. Es como si, por un instante, lo que una persona piensa o siente se reflejara en la otra, sin necesidad de hablar ni de estar cerca.

Los estudios de Rupert Sheldrake, más allá de los campos mórficos

Uno de los investigadores que más han explorado la telepatía en los últimos años es Rupert Sheldrake (1942), doctor en Biología por la Universidad de Cambridge. Su trayectoria científica, centrada originalmente en la bioquímica y la fisiología vegetal, lo llevó más tarde a los límites de la percepción humana cuando empezó a recoger con un método las experiencias de telepatía espontánea.

Lo que hace diferente el estudio de Sheldrake es su enfoque: llevar la investigación fuera del laboratorio, al terreno de lo cotidiano. Uno de sus trabajos más conocidos se basa en llamadas telefónicas. A los participantes se les pedía que intentaran adivinar, antes de descolgar, quién les estaba llamando entre un grupo limitado de personas. En numerosos ensayos —algunos publicados en revistas revisadas por pares— los aciertos fueron significativamente superiores a lo que se esperaría por azar.

Otro experimento, también de Sheldrake, abordó una sensación muy común: la de ser observado. Lo estudió en condiciones controladas. Un voluntario se situaba frente a una pared y otra persona, situada detrás, lo miraba o no, según una secuencia aleatoria. Se le pedía al voluntario que indicara si creía estar siendo observado. En el conjunto de los datos recogidos, las tasas de acierto fueron más altas de lo esperable. Este trabajo fue replicado en diferentes lugares y con distintos públicos, incluidos grupos de niños, y los resultados fueron similares.

Además de estos estudios, hay observaciones que siguen sin poder medirse con precisión, pero que se repiten con frecuencia. Padres y madres que, sin aviso previo, sienten una angustia repentina por sus hijos, justo antes de recibir una mala noticia. Hermanos que se despiertan con sobresaltos al mismo tiempo, sin saber que el otro está atravesando una crisis. Especialmente entre gemelos, estos relatos se repiten con tanta coincidencia que incluso algunos científicos han intentado comprobar si había algo más.

En esa línea, se han realizado estudios desde el campo de la neurociencia. Por ejemplo, el neurocientífico checo Jiří Wackermann (1955) y el físico y psicólogo alemán Harald Walach (1957) exploraron, en la década de 2000, la posibilidad de que dos personas conectadas emocionalmente pudieran mostrar correlaciones en sus ondas cerebrales cuando solo una de ellas era expuesta a un estímulo. Estos estudios, publicados en revistas como *Neuroscience Letters*, no afirmaban haber demostrado la telepatía, pero sí revelaban coincidencias difíciles de atribuir al azar.

Otro investigador, Richard Silberstein, profesor emérito en la Swinburne University of Technology (Australia), ha centrado su trabajo en la conectividad funcional entre cerebros, especialmente entre gemelos. En uno de sus estudios, publicado en 2024 en la revista *Frontiers in Human Neuroscience*, midió la actividad cerebral de pares de gemelos idénticos colocados en habitaciones separadas. Cuando a uno se le exponía a un estímulo inesperado, el otro —sin saberlo y sin estar estimulado— a veces mostraba picos de actividad similares. Este tipo de trabajos no son pruebas definitivas, pero sí dejan constancia de algo que vale la pena seguir explorando.

Sincronización entre gemelos

Se han realizado experimentos bajo condiciones controladas para explorar correlaciones cerebrales entre personas separadas espacialmente. Uno de los primeros fue el estudio de T. D. Duane y T. Behrendt, publicado en 1965 en la revista *Science*, donde se observó una sincronización de actividad eléctrica entre gemelos monocigóticos separados físicamente cuando solo uno recibía un estímulo. Aunque el estudio fue breve y recibió críticas metodológicas, abrió una línea de investigación que luego retomarían autores como Wackermann, Walach, Greenberg, Goswami y, más recientemente, como explicábamos, Silberstein.

Todo esto no se parece a leer la mente como en las películas. Es más sutil. Más humano. Como si, en algunos vínculos, hubiera algo que resuena. Una forma de presencia que no depende de estar en el mismo lugar, ni siquiera de hablar. Algo que simplemente ocurre, y que deja una huella. Aunque no sepamos aún cómo ni por qué.

Una gran parte de la investigación neuropsicológica se apoya necesariamente en informes subjetivos. En este contexto, el trabajo del neurofisiólogo y psicólogo mexicano Jacobo Grinberg-Zylberbaum (1946) resulta especialmente interesante. Grinberg propuso un nuevo concepto, el del potencial transferido, un fenómeno observado en laboratorio donde dos personas, tras haber compartido una experiencia de meditación conjunta, mantenían una correlación específica en su actividad cerebral, incluso cuando estaban separadas físicamente y aisladas sensorialmente. La subjetividad, sin embargo, no dificulta el conocimiento científico, sino que abre el camino hacia él.

Gracias a propuestas como la de Grinberg, se abre la posibilidad de correlacionar sucesos mentales y neuronales desde una perspectiva que reconoce la conciencia como fenómeno relacional y no exclusivamente individual.

Los estudios clásicos sobre telepatía en sueños del Maimonides Medical Center, en Nueva York, realizados durante las décadas de 1960 y 1970, también merecen ser mencionados. En ellos, el receptor dormía bajo condiciones de monitorización mientras otro individuo, desde una sala separada, intentaba «transmitir» una imagen. En varios experimentos se obtuvo una tasa de coincidencia significativa entre lo que el receptor soñaba y el estímulo enviado. Estos trabajos fueron revisados por investigadores como el psicólogo estadounidense Stanley Krippner (1932), y constituyen uno de los corpus más serios sobre telepatía en estados alterados de conciencia.

Telepatía en las ECM

Esta conexión mental también aparece en el contexto de las ECM. En muchos de los testimonios recogidos se describe una forma de comunicación sin palabras, directa, en la que el pensamiento y la comprensión parecen fluir de una mente a otra sin necesidad de hablar. El mismo Álex Gómez-Marín lo explica en su ECM, cuando se comunica de forma telepática con tres seres que lo vienen a recibir. Sabe perfectamente que si va hacia ellos su vida se acaba. Elige quedarse y sigue viviendo.

Las personas que han estado al borde de la muerte y han regresado lo explican con naturalidad: «sabía lo que pensaban», «me hablaban sin moverse», «era como si me lo transmitieran de mente a mente». Esta forma de intercambio telepático suele aparecer en el relato de quienes afirman haber estado en presencia de seres fallecidos o de entidades luminosas que les hablaban «desde dentro», sin voz ni sonido.

Estas descripciones, por mucho que escapen a las categorías habituales, son coherentes entre sí. Aparecen en distintas culturas, en distintos idiomas, y con personas que no tienen contacto entre ellas ni han leído sobre el tema. El contenido varía, pero la forma de comunicación se repite con una regularidad sorprendente. Esa «comunicación mental inmediata» es, según muchos de los que han vivido una ECM, más clara, más rápida y más profunda que el lenguaje habitual. Algunos incluso dicen que era imposible mentir o esconder nada, como si la transmisión de pensamiento viniera cargada de verdad. Este tipo de fenómeno, si bien difícil de estudiar en laboratorio, apunta a que la telepatía podría formar parte de un estado ampliado de conciencia, presente cuando el cerebro está, paradójicamente, desconectado.

Casos espontáneos recogidos

Además de los experimentos de laboratorio, la telepatía ha sido documentada en numerosos casos espontáneos recogidos por la SPR desde el siglo XIX hasta la actualidad. Algunos de estos casos se refieren a padres que tienen la certeza de que a sus hijos les ha ocurrido algo, incluso estando a miles de kilómetros de distancia. Otros recogen experiencias entre gemelos, parejas o amigos que, en momentos críticos, comparten pensamientos, imágenes o emociones sin ningún canal físico de comunicación.

Entre la bibliografía consultada, los dos volúmenes de *Phantasms of the Living* —escritos por Edmund Gurney, Frederic W. H. Myers y Frank Podmore, miembros de la SPR, y publicados en 1886— recopilan más de setecientas experiencias espontáneas de tipo telepático o clarividente, muchas de ellas verificadas con testigos independientes y revisadas con criterios rigurosos para excluir fraude, sugestión o error de memoria. Aún hoy, esta colección es considerada una de las mayores bases de datos sobre fenómenos telepáticos espontáneos.

Por otro lado, el físico Brian Josephson (1940) ha defendido públicamente que la resistencia a aceptar la telepatía en medios académicos no se debe a falta de evidencia, sino a un «sesgo dogmático» que excluye lo que desafía las creencias establecidas. Josephson, premiado con el Nobel de Física, es uno de los pocos científicos de renombre que han pedido abrir las puertas a una ciencia de la conciencia que no limite su objeto de estudio a lo material. En una entrevista con *Physics World* en 2002, afirmó que los físicos reaccionan emocionalmente cuando abordan algo de la parapsicología. Su opinión sobre este tipo de investigaciones no se basa en un análisis racional de la evidencia, sino en un sesgo dogmático que les hace creer que estas son siempre falsas (Josephson, 2002).

Además, en su conferencia *Incredulidad patológica*, presentada en la reunión anual de premios nobel en Lindau (Alemania) en 2004, Josephson criticó la tendencia de la comunidad científica a rechazar ideas no convencionales sin un análisis adecuado, comparando esta actitud con la incredulidad inicial frente a teorías científicas que luego fueron aceptadas.

Estas declaraciones reflejan su postura de que la ciencia debe mantenerse abierta a explorar fenómenos que desafían las concepciones tradicionales, siempre que se aborden con rigor y objetividad.

Desde una perspectiva más filosófica, investigadores como William James consideraban que ciertos estados de conciencia —como la atención flotante, el trance hipnagógico o la ensoñación profunda— podían abrir canales de percepción no habituales. James resumió su postura con esta sencilla frase:

> Nuestra conciencia ordinaria es solo una forma particular de estar en el mundo; pueden existir otras, separadas de ella como continentes flotando en el mismo océano (James, 2017).

Incluso en tiempos recientes, estudios controlados como los de Dean Radin (1952) y Edwin C. May, realizados en el Stanford Research Institute y otros centros independientes, han mostrado correlaciones estadísticamente significativas en tareas de visión remota y transmisión de información mental. Aunque estos resultados no han sido adoptados por la corriente científica dominante, han generado un cuerpo de evidencia acumulativa que merece, como mínimo, una revisión libre de prejuicios.

La telepatía, tal como se ha descrito en laboratorios, en relatos personales, en contextos médicos y familiares, sigue siendo un campo del que tenemos muy pocas conclusiones y sí muchas preguntas. Y aunque todavía no tengamos una teoría unificadora, los datos —cuando se recogen con honestidad— nos invitan a no cerrar esa puerta.

Tercer fenómeno: vivencias místicas

Las vivencias místicas son experiencias subjetivas de unidad con algo más grande que uno mismo, a menudo descritas como una conexión directa con lo divino, el cosmos o una conciencia universal. Son difíciles de describir con palabras y, sin embargo, profundamente reales para quienes las viven.

A lo largo de la historia, han sido descritas por místicos, meditadores y personas comunes que —en situaciones de silencio extremo, enfermedad, trauma, oración o contemplación— han experimentado una expansión súbita de conciencia. William James, pionero de la psicología moderna, les dedicó un capítulo entero en su libro *Variedades de la experiencia religiosa* (2017). James definía estas vivencias como «inefables, noéticas, pasajeras y pasivas», y advertía que ignorarlas por no poder explicarlas era un error.

La *Psi Encyclopedia* recoge numerosos estudios sobre este tipo de fenómenos, no solo desde la psicología y la filosofía, sino también desde la neurociencia. Por ejemplo, las técnicas de imagen cerebral han mostrado, durante estados místicos intensos —ya sea inducidos por meditación, ayuno, sustancias psicoactivas o contemplación profunda—, una disminución de la actividad en la red neuronal por defecto (*Default Mode Network*, DMN), un sistema cerebral que se activa cuando pensamos en nosotros mismos, recordamos el pasado o proyectamos el futuro. Esta red incluye estructuras como la corteza prefrontal medial y el precúneo, asociadas a la construcción del yo autobiográfico o «yo narrativo». Su reducción de actividad durante estas experiencias se ha relacionado con una pérdida transitoria del sentido de identidad individual y una vivencia de unidad o fusión con algo más grande, tal como describen quienes han vivido estados místicos profundos.

A diferencia de la clarividencia o la telepatía, que se centran en la captación de información, las experiencias místicas transforman radicalmente el modo en que la persona percibe su identidad, el tiempo y la realidad.

Entre los estudiosos más influyentes de estas experiencias se encuentra el teólogo alemán Rudolf Otto (1869-1937), que en su obra *Lo santo* (1923) introdujo el concepto de «lo numinoso» para describir ese sentimiento ambivalente de sobrecogimiento, temor y atracción que caracteriza el contacto con lo sagrado. Otto sostenía que lo numinoso no podía ser reducido a emociones humanas convencionales, sino que era una categoría única de la experiencia.

El psiquiatra suizo Carl Gustav Jung, fundador de la psicología analítica, exploró estas vivencias desde una perspectiva simbólica. Para Jung, los momentos de unidad con un principio superior reflejan la emergencia de arquetipos del inconsciente colectivo, como el *Sí-Mismo*, la *Gran Madre* o el *Anciano Sabio*. Estos arquetipos serían expresiones profundas del alma humana, compartidas por todas las culturas y épocas, y aflorarían especialmente durante crisis vitales, momentos de transformación o prácticas espirituales intensas.

Aunque para muchos las vivencias místicas están ligadas a contextos religiosos, también se presentan en personas agnósticas o no practicantes. Lo que une a todos los relatos es una sensación de fusión con una presencia, energía o totalidad que desborda la comprensión ordinaria. Quienes las han vivido suelen hablar de un antes y un después. No como un dogma aprendido, sino como una certeza sentida desde dentro.

Desde un punto de vista científico, aún no hay consenso sobre cómo ni por qué ocurren estas experiencias. Algunos las interpretan como alteraciones cerebrales, otros como accesos a dimensiones no ordinarias de la conciencia. Lo que parece claro es que —como ocurre con otros fenómenos trascendentes— no podemos medirlas con instrumentos diseñados para el pensamiento lógico lineal. Pero sí podemos escucharlas con respeto, documentarlas con rigor y preguntarnos si, tal vez, nos están mostrando algo que aún no sabemos cómo nombrar.

Sí vemos que es un fenómeno que describen algunos de los pacientes que han vivido una ECM, una conexión con el todo, con nuestra Supraconciencia.

Cuarto fenómeno: precognición

El 22 de diciembre de 2024, *El Periódico de Catalunya* recogió una historia singular: «El sueño premonitorio de una niña lleva siete millones y medio a Sant Boi». En la localidad barcelonesa de Sant Boi de Llobregat, una niña contó que había soñado que el número 11840 sería premiado en el sorteo extraordinario de Navidad y convenció a su familia para que lo compraran. Así lo hicieron. Y ese número resultó premiado con el tercer premio. La noticia no ocupó grandes titulares, pero dejó una impresión duradera en quienes la leyeron. ¿Qué hacemos con algo así? ¿Qué lugar tiene un sueño como ese en nuestra forma de entender el mundo?

La precognición —la capacidad de percibir algo que aún no ha sucedido— es uno de los fenómenos más desconcertantes de todos los que abordamos en este capítulo. No se trata de una sospecha o de una corazonada. Es más bien una certeza que llega sin aviso y que luego se confirma. Puede presentarse en sueños, como imágenes que se repiten o incluso como una intuición muy concreta. Hay personas que lo han vivido y lo cuentan con detalle. No intentan convencer a nadie. Solo relatan lo que pasó. Y lo que pasó, en algunos casos, no tiene una explicación sencilla.

Desde el punto de vista científico, este fenómeno es especialmente incómodo. Porque mientras en la clarividencia o en la telepatía se puede debatir sobre señales inconscientes o conexiones emocionales, la precognición rompe el orden del tiempo. Va contra el esquema mental con el que nos movemos cada día: primero sucede algo, luego lo sentimos y recordamos. Aquí ocurre al revés: primero lo sentimos, luego sucede.

Uno de los que se atrevieron a estudiar este tipo de experiencias fue el físico cuántico germano-estadounidense Helmut Schmidt (1928-2011), que en las décadas de 1970 y 1980 diseñó experimentos con generadores de sucesos aleatorios (REG). En sus estudios, los participantes influían o predecían la ocurrencia de secuencias aleatorias generadas por sistemas electrónicos no deterministas. Algunos resultados sugerían que las decisiones humanas podían anticiparse a eventos aún no ocurridos, aunque estos datos no lograron la aceptación de la comunidad científica por falta de replicación independiente sistemática. Sin embargo, su enfoque técnico abrió una nueva vía para estudiar estos fenómenos con instrumentos de precisión. Los datos, recogidos a lo largo de muchos ensayos, sugerían que algo estaba ocurriendo, aunque no se supiera qué.

Uno de los investigadores más relevantes en la historia reciente de la precognición es el psicólogo social estadounidense Daryl Bem (1938), profesor emérito en la Universidad de Cornell, quien realizó una serie de estudios que dieron mucho que hablar. En su investigación, los estímulos llegaban después de la respuesta del participante. Si elegían correctamente más veces de lo esperable, era porque, de alguna forma, estaban anticipando lo que iba a aparecer. En ocho de los nueve experimentos, con más de mil participantes, eso fue justo lo que pasó. En ellos, Bem encontró que las personas podían predecir la posición futura de estímulos visuales o palabras, incluso antes de que el ordenador las seleccionara al azar.

El estudio de Bem se publicó en 2011 en *Journal of Personality and Social Psichology*, una de las revistas más reconocidas de psicología, lo que no hizo sino alimentar la controversia.

Las críticas no tardaron. Algunos replicaron el estudio y no obtuvieron los mismos resultados. Otros, sí. Sin embargo, Bem defendió la validez estadística de sus hallazgos, y su trabajo abrió un intenso debate sobre los límites del método científico y la posibilidad de que la precognición esté al límite de ser detectada por la estadística. La semilla ya estaba plantada: la precognición podía estudiarse con rigor, sin recurrir a explicaciones sobrenaturales ni suposiciones vagas. Solo observando los datos y reconociendo que, aunque no sepamos cómo, hay veces en que el futuro se cuela antes de tiempo.

También se han hecho estudios sobre reacciones del cuerpo ante estímulos inesperados. Se mide la conductancia de la piel, la frecuencia cardiaca, la dilatación de las pupilas. Y en algunos casos, el cuerpo reacciona segundos antes de que aparezca una imagen que genera impacto emocional. Estos efectos, estudiados por investigadores como Dean Radin, se han repetido en distintos entornos. No son espectaculares, pero están ahí, una y otra vez.

Ahora bien, no todo lo que se sueña y luego ocurre es necesariamente precognición. A veces hay coincidencias. Otras, reconstrucciones de la memoria que encajan *a posteriori*. Pero cuando los detalles son específicos, y cuando hay constancia previa de lo soñado o percibido, las explicaciones convencionales ya no alcanzan.

En la misma línea de validación científica, el psicólogo mexicano Etzel Cardeña (1957), profesor en la Universidad de Lund (Suecia), publicó en 2018 una revisión en la revista *American Psychologist*, órgano oficial de la Asociación Americana de Psicología. En ella analiza más de 750 estudios sobre fenómenos psi, concluyendo que la evidencia estadística que respalda la existencia de la telepatía, la clarividencia y la psicoquinesis es tan robusta como la de muchos otros efectos aceptados por la ciencia convencional. Esta revisión ha sido clave para reabrir el debate sobre la necesidad de estudiar estos fenómenos con una mente abierta, pero con el máximo rigor metodológico.

También se destacan las aportaciones del ingeniero irlandés J. W. Dunne (1875-1949), autor de *An Experiment with Time* (1927), quien propuso que nuestra experiencia del tiempo lineal es una ilusión. Según su teoría, el tiempo transcurre en planos paralelos y, por tanto, durante el sueño o la meditación podemos tener acceso simultáneo a sucesos pasados y futuros. Dunne registró cuidadosamente sus propias experiencias durante años y encontró numerosos casos de sueños premonitorios verificables, lo que lo llevó a postular un modelo de conciencia multidimensional.

Más allá del laboratorio, la precognición aparece con frecuencia en contextos clínicos, militares y cotidianos. La SPR y la Parapsychology Foundation, fundada en 1951, han documentado numerosos casos de personas que predijeron accidentes, muertes o sucesos naturales antes de que ocurrieran, a menudo en forma de sueños vívidos o visiones espontáneas.

Muchos de estos relatos fueron recogidos con testigos independientes y han resistido revisiones críticas exigentes. Entre quienes más se preocuparon por establecer criterios rigurosos está G. W. Lambert (1889-1983), miembro de la SPR, quien durante décadas analizó cientos de experiencias precognitivas, especialmente sueños verificados. Lambert propuso un conjunto de condiciones para considerar una experiencia como potencialmente auténtica:

1) El sueño tiene que haberse comunicado antes del suceso.
2) El suceso debe ser inesperado.
3) La correspondencia entre el sueño y el hecho ha de ser literal y precisa.
4) La precognición no puede atribuirse al conocimiento previo, la intuición o la probabilidad estadística.

Sus criterios, publicados en revistas de la SPR a mediados del siglo xx, siguen siendo una referencia para quienes estudian este fenómeno desde un enfoque serio y verificable.

Aunque la ciencia académica sigue sin ofrecer una teoría que explique satisfactoriamente estos casos, el conjunto de la evidencia acumulada sugiere que la precognición podría no ser una excepción aislada, sino un fenómeno mal comprendido, vinculado a la naturaleza profunda de la conciencia y del tiempo.

> Quizá lo más difícil de aceptar no sea la experiencia en sí, sino lo que implica. Si alguien puede conocer el futuro antes de que ocurra, entonces el tiempo no es tan simple como creíamos. La conciencia podría acceder al futuro de maneras que todavía no entendemos. La existencia de una Supraconciencia holística, y fractal de la Conciencia Primera , explicaría este fenómeno.

Quinto fenómeno: psicoquinesis

Recibimos a menudo decenas de mensajes donde nos cuentan con todos los detalles que un objeto se cayó sin razón aparente justo cuando la persona que estaba cerca de él recibía una noticia que la afectaba emocionalmente. O que una lámpara empezaba a apagarse y encenderse coincidiendo con un pensamiento concreto.

Hay otro ejemplo aún más curioso e inverosímil *a priori*: un tenedor, sin presión alguna, se curvó mientras las personas que estaban cerca hablaban de algo concreto (esto nos lo contaron en el turno de preguntas y respuestas en una conferencia en Bilbao en octubre de 2024, e incluso nos trajeron el tenedor como muestra).

Quienes explican estos fenómenos no buscan convencer a nadie. Solo recuerdan lo que pasó. Y cuando lo hacen, no parece que estén inventando. Son demasiados casos para concluir que todos se lo inventan.

Este tipo de experiencias se ha vinculado con lo que se conoce como psicoquinesis: la posible influencia de la mente sobre la materia sin contacto físico. No estamos hablando de levantar mesas en el aire con la mirada. La pregunta es más simple y más incómoda: ¿puede la conciencia humana ejercer un efecto, por mínimo que sea, sobre el entorno?

Durante casi tres décadas, un equipo de la Universidad de Princeton se dedicó a investigar esa cuestión. El proyecto se llamó PEAR (siglas de Princeton Engineering Anomalies Research). Allí, en lugar de observar grandes objetos, trabajaban con generadores de números aleatorios. Los voluntarios se concentraban en tratar de influir en el resultado, sin tocar nada. Tras millones de repeticiones, se observó que, en conjunto, las cifras se desviaban ligeramente del azar cuando había intención consciente de por medio. No siempre, y no mucho. Pero lo suficiente como para despertar preguntas.

El trabajo estaba liderado por el ingeniero Robert Jahn, exdecano de la Facultad de Ingeniería, y la psicóloga Brenda Dunne. Ambos aplicaron controles rigurosos, cuidaron los métodos estadísticos y mantuvieron durante años una base de datos abierta. A pesar de ello, una gran parte del mundo académico respondió con frialdad. El escepticismo no se dirigía tanto a los datos como a lo que implicaban. Porque si algo así era cierto —si la mente, incluso de forma sutil, podía influir en lo externo—, entonces había que repensar no solo las leyes de la física, sino también nuestra noción de conciencia.

Aun así, la base de datos quedó abierta y algunos investigadores han seguido analizándola desde entonces, buscando patrones o errores. Hasta la fecha, no se ha logrado una refutación definitiva ni tampoco una validación contundente. Pero el interrogante sigue vivo.

Más allá del laboratorio, muchas personas cuentan haber vivido situaciones puntuales que podrían vincularse con la psicoquinesis. La mayoría no lo dice en voz alta. Temen no ser creídas. Pero lo cuentan en privado, con detalle, recordando el momento exacto. En muchos de esos casos, hay un factor común: la carga emocional. Un estado de tensión, de miedo o de dolor extremo. Como si la mente, en situaciones límite, pudiera abrir una vía de expresión no convencional, algo parecido a un desbordamiento.

La ciencia, por ahora, no tiene una teoría que explique cómo podría funcionar algo así. Algunos lo descartan como error de observación, otros como fraude o autosugestión. Pero quienes lo han estudiado con rigor —como Jahn, Dunne o, más recientemente, Dean Radin, desde el Institute of Noetic Sciences— no han dejado de insistir en que el fenómeno merece atención. No por lo que prueba, sino por lo que sugiere.

La psicoquinesis nos plantea una pregunta inquietante: ¿y si la conciencia no solo observa la realidad, sino que la toca, la afecta, aunque sea de forma imperceptible? ¿Y si esa influencia, sutil e inconstante, ha estado siempre ahí, demasiado pequeña para ser vista, pero lo bastante real como para cambiar un resultado?

Uno de los investigadores que más contribuyeron al estudio de la psicoquinesis desde una perspectiva científica fue Helmut Schmidt, del que ya hemos hablado más arriba, que trabajó en laboratorios militares y luego en instituciones de investigación de estos fenómenos.

Décadas después, esta línea fue retomada por el Instituto de Ciencias Noéticas (IONS), bajo la dirección de Dean Radin, doctor en psicología y experto en ingeniería eléctrica. Radin ha publicado estudios revisados por pares en los que se exploran influencias mentales sobre sistemas REG, incluso a distancia, y ha defendido que las pequeñas desviaciones, acumuladas en miles de ensayos, podrían reflejar una interacción estadística mente-materia aún no comprendida. Sus experimentos con meditadores y practicantes espirituales han mostrado resultados consistentes que desafían la explicación convencional, aunque siguen siendo recibidos con escepticismo en medios académicos.

Una línea distinta ha sido explorada por el investigador William G. Roll, miembro destacado de la SPR y conocido por acuñar el término *psicoquinesis espontánea recurrente*. Roll observó que estos sucesos —objetos que se mueven, luces que se apagan, interferencias electrónicas— tienden a aparecer en contextos emocionales intensos, a menudo ligados a adolescentes o personas con fuerte carga afectiva reprimida. Según su hipótesis, la energía emocional inconsciente puede canalizarse hacia efectos físicos, sin que el sujeto tenga intención consciente de provocarlos.

La existencia de una fuerza mental capaz de modificar la materia sería incompatible con las leyes fundamentales de la física moderna. No obstante, algunos investigadores del ámbito de estos fenómenos han planteado que no se trataría de una fuerza convencional, sino de una alteración de las probabilidades dentro de sistemas inestables, como los REG. Desde esta perspectiva, la psicoquinesis no violaría necesariamente ninguna ley física, pero sí requeriría ampliar nuestra comprensión de la relación entre conciencia y materia.

Aunque los datos siguen siendo limitados, la constancia de estos efectos en condiciones específicas, y su repetición a lo largo de décadas en múltiples laboratorios, hacen que la psicoquinesis —lejos de desaparecer— siga siendo una de las áreas más desafiantes y provocadoras del estudio de los fenómenos trascendentes.

Sexto fenómeno: experiencias de los moribundos o lucidez terminal

Este fenómeno no debe confundirse con las experiencias cercanas a la muerte (ECM), que suelen darse en contextos de paro cardiaco o muerte clínica, con posterior reanimación. Las vivencias de los moribundos, en cambio, suceden en los días u horas previos al fallecimiento definitivo, cuando la persona aún está viva, pero ya en proceso de partir. Los hechos y las visiones que relatan en ese tramo final —cuando aún pueden comunicarse— no siempre responden a causas médicas evidentes, pero aparecen con una frecuencia tan alta que han comenzado a estudiarse desde la ciencia clínica.

Uno de los primeros en abordar estas experiencias con metodología rigurosa fue el médico y neurocientífico estadounidense Christopher Kerr, director del Hospice Center de Búfalo, en el estado de Nueva York. Su investigación, reconocida internacionalmente, ha sido difundida por medios como *The New York Ti-*

mes y la BBC. Kerr y su equipo documentaron durante más de una década las experiencias de cerca de 1500 pacientes terminales. Sus hallazgos fueron sorprendentes: más del 80 % de los pacientes, a medida que se acercaba su final, comenzaron a tener visiones claras, coherentes y profundamente significativas, en las que aparecían con frecuencia seres queridos fallecidos, mascotas, o incluso paisajes y lugares desconocidos que transmitían paz.

Estas visiones no eran fragmentadas ni delirantes. Al contrario: estaban cargadas de sentido. Las personas que las vivían hablaban de encuentros, de reconciliaciones pendientes, de despedidas amorosas. A menudo, estos episodios las ayudaban a aceptar la muerte, y también a cerrar ciclos emocionales que habían quedado abiertos. En 2005, un caso conmovió al propio Kerr: una paciente llamada Mary, en estado terminal, mecía en sus brazos a un bebé que nadie más veía. Era, según ella, su hijo fallecido décadas atrás. Ese gesto de ternura —profundamente real para ella— fue uno de los momentos que impulsaron a Kerr a emprender su investigación sistemática.

A lo largo de su trabajo, Kerr vio como el mismo patrón se repetía en decenas de historias: padres que se reencontraban con sus hijos, hijos con madres, ancianos que conversaban con sus hermanos ya fallecidos, e incluso niños que sentían la presencia de sus mascotas. Estas vivencias no solo calmaban al paciente, sino que también aliviaban a los familiares, quienes, al presenciarlas, encontraban un consuelo inesperado.

Otro fenómeno documentado es el de los pacientes que parecen esperar a quedarse a solas para morir. El doctor John Lerma relata, en su libro *Into the Light* (2007), que entre el 70 y el 80 % de los pacientes terminales que él acompañó fallecían justo después de que sus seres queridos abandonaran brevemente la habitación. Es como si, de algún modo, supieran que ese era el momento.

La enfermera británica Penny Sartori (1971), tras años de trabajo en cuidados paliativos, también documentó un gran número de casos similares. Coincide con Kerr en que estas vivencias no pueden explicarse solo desde la bioquímica cerebral. Sobre todo porque muchas de ellas ocurren en pacientes que no están bajo sedación, que no padecen demencia, y que, incluso en enfermedades degenerativas como la de Alzheimer, recuperan de forma repentina su lucidez en las últimas horas. A eso se le ha llamado «lucidez terminal», y su existencia está bien documentada.

Sartori insiste en que la consistencia de los relatos, su estructura, y la manera en que se repiten incluso en culturas distintas, no permite reducirlos a alucinaciones. Por el contrario, podrían estar señalando algo que aún no entendemos del todo: una forma de conciencia que se activa justo cuando la biología empieza a apagarse (Sartori, 2014).

El médico y psiquiatra Raymond Moody (1944), pionero en el estudio de las ECM, ha investigado recientemente un fenómeno aún menos conocido: las experiencias compartidas. Se refiere a momentos en que el acompañante de un moribundo experimenta algo inusual —una visión, una sensación física, una intuición intensa— en el mismo instante en que el paciente parece «ver» algo. Estos episodios, al darse en personas completamente sanas, refuerzan la idea de que lo que ocurre en ese umbral no es solo un fenómeno interno, sino una interacción que puede vivirse desde ambos lados del tránsito.

Hoy sabemos que, al menos en cuanto a las experiencias de los moribundos, hay más preguntas que respuestas. Pero hay algo que ya no puede negarse: la cantidad y calidad de los testimonios. En las ECM, aproximadamente un 20 % de los pacientes reanimados describen experiencias no convencionales. En el caso de los moribundos, el porcentaje se eleva al 80 %. Y la similitud entre los relatos es difícil de ignorar.

No sabemos aún qué mecanismos permiten que alguien «vea» a un ser querido fallecido antes de morir. Hay hipótesis que apuntan a estados alterados de conciencia, a procesos cuánticos en el cerebro —como sugiere la teoría de Penrose y Hameroff— o a una forma de percepción aún no identificada. Pero incluso sin una teoría clara, la experiencia de quienes han estado allí sigue siendo válida y, sobre todo, profundamente humana.

Una hipótesis relevante es la del neuropsiquiatra y neuropsicólogo británico Peter Fenwick (1935-2024), consultor en cuidados paliativos, quien propuso que estos fenómenos podrían vincularse con un cambio profundo en el funcionamiento de la conciencia justo antes de la muerte, similar a una expansión o apertura de campo. Fenwick, tras investigar centenares de casos de muerte lúcida y visiones preagónicas, concluyó que la muerte no es un final, sino una transformación (Fenwick, 2011). Sus aportaciones pueden consultarse en la *Psi Encyclopedia*, donde se recopila buena parte de su trabajo clínico y filosófico sobre el tránsito consciente.

Morir, como nacer, parece estar acompañado de algo que no controlamos, pero que merece ser escuchado. Estas visiones, estas despedidas silenciosas, no buscan convencer a nadie, solo piden respeto. Y en ese respeto encontraremos nuevas formas de acompañar a quienes se van, y también a quienes se quedan.

Cuando alguien vive una experiencia que no encaja con lo que se espera de la realidad, puede guardarla para sí mismo o bien compartirla con los demás. Si decide hablar, lo habitual es que encuentre una mezcla de asombro, duda y silencio. En ocasiones, también le responderán con rechazo o incomodidad. Es lógico. Muchas de estas vivencias —ver algo que no está a la vista, sentir lo que otro piensa, soñar lo que luego ocurre, mover algo sin tocarlo, ver a un ser querido justo antes de morir— no caben en los esquemas que aprendimos. Pero eso no significa que no sucedan.

Estas experiencias también han sido recogidas durante más de un siglo por la SPR, que ha documentado numerosos casos de visiones en el lecho de muerte (*Deathbed Visions*). En muchos de ellos, los pacientes —a menudo con plena lucidez— afirman ver a familiares fallecidos que vienen a buscarlos, o relatan encuentros con seres que describen como protectores. En algunas ocasiones, también los acompañantes —familiares o personal sanitario— afirman haber percibido cambios en la atmósfera, luminosidad, o incluso haber visto fugazmente las mismas presencias.

Entre los investigadores más comprometidos en el estudio de estos fenómenos se encuentra el ya mencionado Peter Fenwick. A través de entrevistas y estudios observacionales en diversas unidades de cuidados paliativos del Reino Unido, ha reunido decenas de testimonios sobre episodios de lucidez terminal, presencias sentidas y una experiencia subjetiva del proceso de morir que se repite con patrones comunes en culturas distintas. Según sus investigaciones, los pacientes no solo no viven estas experiencias con miedo, sino que a menudo las interpretan como consuelo, acompañamiento o bienvenida.

Fenwick ha señalado además que estas visiones no son consecuencia de fármacos, hipoxia cerebral ni delirios, ya que muchas veces se producen en personas plenamente conscientes, sin sedación, y con funciones cognitivas intactas. También ha registrado fenómenos inusuales, como relojes que se detienen en el momento exacto del fallecimiento, luces que parpadean o sincronías profundas entre lo vivido por el paciente y su entorno más cercano.

Aunque no existen aún modelos científicos que expliquen satisfactoriamente estas experiencias, cada vez más voces dentro de la medicina paliativa coinciden en que merecen ser escuchadas, documentadas y estudiadas con el mismo respeto que cualquier otro síntoma o vivencia. Como afirmó el propio Fenwick en una entrevista, si desconocemos su funcionamiento, deberíamos ser capaces, al menos, de no negarlo. Y es que, quizá, en lo que conocemos como muerte suceda algo más allá del hecho de dejar de respirar (Fenwick, 2015).

En un momento en el que la medicina se esfuerza por humanizar la muerte, estas experiencias —largamente ignoradas o silenciadas— ofrecen no solo un enigma científico, sino una oportunidad profunda de comprensión y compasión.

Confiamos en que con este capítulo ponemos nuestro granito de arena para que así sea.

El tukdam *en el budismo tibetano*

Además de los fenómenos analizados en este capítulo, existen casos descritos en la bibliografía que hablan, por ejemplo, de maestros orientales capaces de congelar agua con la mente, o del fenómeno del *tukdam*, documentado en el ámbito del budismo tibetano. En este estado, algunos meditadores avanzados mueren de forma plenamente consciente y sus cuerpos permanecen en estado de no putrefacción varios días e incluso semanas. Durante este período, los cuerpos mantienen una apariencia fresca y sin signos evidentes de descomposición, lo que ha suscitado el interés tanto de la tradición budista como de la comunidad científica.

El *tukdam* es considerado en el budismo tibetano como una manifestación de la realización espiritual más elevada, en la que el practicante permanece en un estado de meditación profunda incluso después de la muerte clínica.

Desde 2007 se lleva a cabo un estudio colaborativo, el Tukdam Study, iniciado por el neurocientífico estadounidense Richard Davidson (1951) en colaboración con la Oficina de Su Santidad el Dalái Lama, el Men-Tsee-Khang (Instituto de Medicina y Astrología Tibetana), el Hospital Delek —en el norte de la India— y la Universidad de Wisconsin-Madison (Estados Unidos). Este estudio tiene como objetivo investigar a nivel fisiológico y neurológico el estado de *tukdam*. Hasta la fecha, no se ha detectado actividad electroencefalográfica en los casos estudiados, aunque los investigadores continúan explorando otros posibles indicadores biológicos y culturales asociados a este estado *post mortem*.

Además, en 2023, la Universidad de Virginia organizó el Generative Contemplation Symposium, un encuentro que reunió a académicos y científicos para discutir prácticas contemplativas avanzadas, incluido el *tukdam*. Durante este simposio, se proyectó el documental *Tukdam: Between Worlds* (2022), del director Donagh Coleman (1975), que explora la intersección entre las perspectivas científicas y tibetanas sobre este fenómeno.

Un fenómeno similar es el de los *sokushinbutsu* de Japón, monjes ascetas que emprendían en vida un proceso de automomificación. En la actualidad, se conservan al menos veinticuatro de estos cuerpos —los más antiguos rozan los cuatro siglos de antigüedad— en condiciones que desafían toda explicación convencional. Aunque no formamos parte directa de estos episodios, sí hemos consultado fuentes documentadas que nos permiten presentarlos.

La ciencia debe seguir investigando

A lo largo de este capítulo hemos recorrido una serie de fenómenos trascendentes o experiencias extraordinarias (ambos términos nos parecen correctos para su definición) que muchas personas han relatado con seriedad y claridad. No se trata de creer o no creer. Se trata de escuchar sin prejuicio, de observar sin ridiculizar, de preguntarnos si la ciencia, la filosofía y la sociedad en general están preparadas para incorporar aspectos de la experiencia humana que hasta ahora han sido descartados o ignorados.

No todos los casos son concluyentes. No todas las historias pueden comprobarse. Pero sí hay patrones. Sí hay investigaciones. Sí hay estudios clínicos, estadísticas, registros y, sobre todo, una casuística enorme que crece cada vez que alguien se atreve a decir: «A mí también me pasó».

Y, por supuesto, también hemos revisado mucha bibliografía, incluida aquella que se sigue mostrando totalmente escéptica y que argumenta que cualquier intento de replicar estos fenómenos por investigadores independientes no ha logrado obtener los mismos efectos. En el caso de la precognición, por ejemplo, científicos como Stuart Ritchie, Richard Wiseman y Chris French realizaron réplicas de los experimentos de Daryl Bem y no encontraron resultados concluyentes. Estos fracasos en la replicación han sido uno de los factores que siguen alimentando el escepticismo científico.

No obstante, estamos convencidos de que la ciencia, cuando es valiente, no descarta de inmediato lo que no entiende: comienza a hacerse preguntas incómodas. Y si algo nos muestran estos fenómenos es que existe una conciencia que parece tener capacidades que apenas hemos empezado a explorar.

Como autores, no hemos vivido estos fenómenos directamente, pero sí hemos escuchado a muchas personas que los han compartido con sinceridad, y que en absoluto buscan fama, relevancia o notoriedad. Solo pretendemos dar un espacio a quienes lo viven, y acompañarlos sin juzgar. Esperamos que este capítulo haya ayudado en ese camino.

4

La meditación: el poder de la mirada interior

El origen de una crisis existencial suele radicar en la incapacidad de percibir la realidad de forma objetiva, lo que da lugar a una construcción distorsionada, dominada por el ego. Así, se pierde la conexión con lo esencial y se inicia, de forma lenta, silenciosa y a menudo inconsciente, un proceso de búsqueda y reencuentro existenciales.

Dirigimos nuestros esfuerzos hacia aquello que creemos que nos proporcionará plenitud: el placer, el éxito y la satisfacción de nuestros deseos y propósitos. Suponemos que en esas metas reside nuestra (auto)realización, y proyectamos nuestra satisfacción interna en logros como el éxito material, el reconocimiento social o el poder. Sin embargo, este esfuerzo, que aparenta dar sentido a nuestra existencia, acaba por consumir nuestra vida. Es en medio de esta dinámica cuando, de forma silenciosa y progresiva, se gesta la crisis existencial.

Las respuestas no se encuentran fuera de uno mismo: todo comienza cuando dirigimos la mirada hacia el interior. Es allí, en ese espacio profundo y silencioso, donde empieza a surgir una comprensión más clara del mundo exterior y de nuestra relación con él.

Las crisis personales suelen vivirse como auténticas pruebas de vida. Pueden manifestarse a través de la pérdida de un ser querido, que deja dolor y vacío; una enfermedad que logramos superar; un cambio profesional desafiante; un fracaso emocional; una ruina económica; o, simplemente, el vacío existencial que surge al sentirnos desconectados de nosotros mismos en medio de este ritmo de vida frenético.

Este estado de agitación interna y profunda nos obliga a confrontar nuestras verdades más íntimas: quiénes somos, cuál es nuestra relación con el entorno y cómo nos conectamos con la naturaleza.

Se origina así una sensación de vacío, una crisis de «falta de sentido». Luchamos incesantemente por cosas y deseos que, quizá, nunca hemos necesitado realmente. Vivimos en un mundo lleno de paradojas: tenemos demasiado de lo superficial, pero carecemos de lo esencial. Y es precisamente en ese vacío donde se gesta la pregunta más profunda: **¿qué significa realmente vivir?**

El ego, ese compañero constante, es una de nuestras herramientas más poderosas para experimentar la vida y comprenderla. Sin embargo, también puede convertirse en nuestro mayor obstáculo. Si no logramos dominarlo, nos encierra en una prisión. Adopta patrones falsos en busca de un reconocimiento vacío. Superarlo y redirigirlo como instrumento nos abre a la experiencia del Ser, a la verdadera conexión con nosotros mismos y con el universo.

El cambio ya ha comenzado. Estamos despertando y nos acercamos a la naturaleza. Las redes sociales amplifican estas voces, mostrando que lo local puede inspirar lo global. Este es el camino: transformar la codicia en generosidad hacia los seres humanos, las especies y el planeta.

La solución a la crisis existencial: por qué meditar

Si la crisis existencial surge del desconcierto ante una realidad fragmentada, la meditación ofrece un camino para trascender esa percepción y acceder a una claridad interior profunda, revelando la naturaleza indivisible de la realidad.

Meditar es el acto más auténtico de la vida humana. Es la mirada interior que nos conecta con nuestro Ser, trascendiendo nuestras limitaciones y abriendo las puertas a algo mucho mayor: el infinito.

Meditar implica reducir el ruido de una vida acelerada, artificial, materialista y egocéntrica. Es silenciar tanto el ruido externo como el interno que domina nuestra existencia cotidiana. Solo entonces se abre la experiencia al silencio infinito de la conciencia: un instante de autenticidad absoluta para el ser humano.

Esta mirada pura hacia nuestra esencia interna nos conecta con el campo unificado de la ley natural, tal como lo describe la física cuántica. A nivel fundamental, este campo subyace a todo lo que existe, desplegando los valores de la ley natural que rigen la vida misma.

La conciencia pura es nuestra verdadera naturaleza: reflejo del Ser Universal y Cósmico, responsable de toda creación visible e invisible. En el silencio profundo y sublime de nuestra vida, ese Ser puro contiene la fuente del pensamiento y el origen de todo conocimiento. Al meditar, tocamos la verdadera inteligencia creativa de la Naturaleza.

Qué es y qué no es la meditación: reencuentro con la realidad

Existen distintas tradiciones meditativas. El budismo zen se distingue por su enfoque en la simplicidad y la disciplina; la mística cristiana, por su espiritualidad íntima y devocional; y la tradición védica, por una resonancia profunda que trasciende lo religioso y se enmarca en un contexto filosófico y universal. Esta última no solo ofrece técnicas, sino también una visión integral del principio unificador que sustenta toda la existencia.

A menudo se malinterpreta la meditación como una simple técnica, cuando en realidad es un estado profundo de la mente y del cuerpo. Es un estado en el que la mente consciente trasciende su actividad habitual —pensamientos, emociones y ego— y se asienta en el silencio infinito de la conciencia pura. Este estado no solo constituye el origen del pensamiento, sino también la fuente de la inteligencia creativa de la Naturaleza.

> Este camino está abierto a todos. La meditación no es una habilidad exclusiva, sino una invitación universal a reconectarnos con nuestra esencia y a redescubrir el potencial infinito que reside en cada uno de nosotros.

La meditación no solo transforma nuestra mente, sino que también produce un impacto tangible en el cuerpo. Durante su práctica, disminuyen la frecuencia respiratoria y la cardiaca, así como los niveles de hormonas asociadas al estrés, como el cortisol y la adrenalina. A nivel cerebral, se observa una mayor activación del lóbulo frontal y una mejora en la sincronización entre los hemisferios. Este estado indica la presencia de un cuarto nivel de conciencia, distinto de los tres estados habituales: vigilia, sueño y ensoñación.

Ondas cerebrales y su relación con la meditación

Las neuronas se comunican entre sí con pequeños impulsos eléctricos: las ondas cerebrales, las cuales pueden observarse a través de un electroencefalograma (EEG). En función de su frecuencia, que se mide en ciclos por segundo o hercios (Hz), unas son más rápidas que otras:

- **Ondas delta** (0,2-4 Hz). Predominan durante el sueño.
- **Ondas theta** (4-8 Hz). Aumentan en la meditación profunda.
- **Ondas alfa** (8-12 Hz). Surgen en estados de reposo despierto, introspección o meditación avanzada.
- **Ondas beta** (12-30 Hz). Características del estado de vigilia activa, cuando tomamos decisiones o estamos concentrados en una tarea cotidiana.
- **Ondas gamma** (30-100 Hz). Se incrementan en estados de alta concentración, amor, altruismo o espiritualidad.

Para acceder al estado de meditación de manera consciente y recurrente, necesitamos un camino, una guía. Aquí es donde entran las técnicas de meditación: herramientas que nos permiten recorrer el sendero hacia el silencio interior y la conexión profunda con nuestra esencia.

La técnica, por sí sola, no es el destino, sino el puente que cruzamos para alcanzar el estado de meditación. Existen muchas técnicas, cada una con su propia riqueza y enfoque, diseñadas para diferentes personas y necesidades. Su práctica requiere intención, disciplina y constancia. Lo importante es encontrar aquella que resuene contigo, la que mejor se adapte a tu naturaleza y tus circunstancias.

Tipos de meditación: una aproximación científica y práctica

La meditación, como camino de autoconocimiento y transformación, ha evolucionado a lo largo de los siglos a través de diversas tradiciones y culturas. Este vasto desarrollo ha dado lugar a una amplia variedad de metodologías que, aunque difieren en su enfoque y su práctica, comparten un objetivo esencial: conducir al ser humano hacia un estado de conciencia elevada, paz interior y equilibrio integral.

En este contexto, se aborda con especial énfasis la meditación avanzada, la metodología central de este libro. Este enfoque ha demostrado ser una herramienta profundamente transformadora, tanto para el crecimiento individual como para la evolución colectiva.

La meditación avanzada es un camino hacia el descubrimiento de nuestro potencial más elevado.

Atención enfocada

La mente humana tiende a dispersarse entre innumerables estímulos y pensamientos. Esta técnica invita a recuperar el control, entrenando la mente para concentrarse en un solo punto de atención. Es como un faro que ilumina un único lugar en un mar de distracciones, ayudando a cultivar una mente más clara y presente.

- **Patrón cerebral asociado:** Activación de ondas gamma (alta frecuencia) en el lóbulo frontal, responsables de la concentración y la atención sostenida.
- **Beneficios:** Aumento de la claridad mental, mejora en la atención prolongada y disminución de la dispersión de pensamientos.

Meditación con mantra

Los sonidos tienen un poder único para influir en nuestra mente y nuestras emociones. La repetición de un mantra no solo calma la mente, sino que también crea una vibración interna que conecta con niveles más profundos de conciencia. Esta técnica es ideal para quienes buscan serenidad y trascendencia en medio del ruido cotidiano.

- **Patrón cerebral asociado:** Intensificación de ondas alfa (baja frecuencia) en el lóbulo frontal, con reducción de ondas gamma y beta.
- **Beneficios:** Relajación profunda, acceso a la conciencia pura y reducción notable del estrés.

Observación abierta

La vida ofrece un flujo constante de sensaciones, pensamientos y emociones. Esta técnica no busca controlar ni rechazar esas experiencias, sino observarlas con atención plena y sin juicio. Es un viaje hacia la aceptación, fomentando una conexión más profunda con el momento presente.

- **Patrón cerebral asociado:** Activación de ondas theta (relacionadas con la intuición y la creatividad) en la corteza prefrontal.
- **Beneficios:** Incremento de la regulación emocional, aumento de la conciencia corporal y reducción de respuestas impulsivas.

Compasión y amor-bondad

En un mundo lleno de conflictos y divisiones, esta técnica guía hacia un espacio de empatía y amor incondicional. A través de la visualización y afirmaciones positivas, se aprende a abrir el corazón, cultivando relaciones más armoniosas con uno mismo y con los demás.

- **Patrón cerebral asociado:** Activación de la unión temporoparietal (TPJ), relacionada con la empatía y la compasión.
- **Beneficios:** Mejora de las relaciones interpersonales, aumento de la empatía y reducción de emociones agresivas.

Meditación energética

En un contexto de estrés crónico y desconexión con el cuerpo, la meditación energética surge como una práctica para restaurar el equilibrio físico, mental y emocional. A través de la respiración, la visualización y la activación de centros energéticos, permite armonizar la energía interna y fortalecer la conexión con la conciencia.

- **Patrón cerebral asociado:** Esta práctica se asocia con un patrón de ondas cerebrales que facilita distintos estados de conciencia. En las primeras etapas predominan las ondas alfa, promoviendo relajación y percepción energética. Con la profundización, aumentan las ondas theta, favoreciendo la intuición y la creatividad. En estados avanzados, se activan las ondas gamma, vinculadas a la integración de la experiencia y la Supraconciencia.
- **Beneficios:** Favorece el equilibrio energético, aportando vitalidad y estabilidad interna. Aumenta la sensibilidad a estados sutiles de conciencia y facilita la regulación emocional.

Contribuye a la neuroplasticidad y la integración de experiencias trascendentales, fortaleciendo la coherencia interna y la resiliencia en un mundo altamente demandante.

Meditación avanzada: la metodología de este libro

La meditación avanzada no es solo una práctica: es una experiencia que trasciende el pensamiento. Combina técnicas de mantra con enfoques de trascendencia, creando un puente hacia estados de conciencia profunda y transformación personal.

- **Características principales:**
  1) Uso de un mantra para inducir un estado de silencio interior.
  2) Integración de técnicas de trascendencia automática para liberar la mente del pensamiento cotidiano.
  3) Aplicación de procesos activos como *saṃyama* (meditación concentrada) para potenciar la claridad mental y la intuición.
- **Patrón cerebral asociado:**
  1) Alta activación de ondas alfa durante la conciencia pura.
  2) Reducción de actividad de ondas gamma y beta.
  3) Coherencia de ondas beta, alfa y theta, vinculadas a la percepción holística y los estados de conciencia trascendental.
- **Beneficios únicos:**
  1) Reducción significativa del estrés y la ansiedad.
  2) Mejora del rendimiento cognitivo: atención, memoria y creatividad.

3) Aumento de la resiliencia personal y la paz interior.
4) Transformación conductual, con mayor autocontrol y empatía.

Apunte: Sobre las técnicas de meditación sugestiva

Tras explorar las principales técnicas de meditación y sus metodologías reconocidas, es importante mencionar brevemente las prácticas de meditación sugestiva. Estas incluyen visualizaciones, relajación (retiro de los sentidos) y meditaciones guiadas, que representan un enfoque particular dentro del amplio espectro de la meditación.

Estas metodologías utilizan estímulos externos —como narrativas o imágenes mentales— para inducir estados de calma, introspección o conexión espiritual. Aunque pueden ofrecer beneficios inmediatos, como la reducción del estrés o la mejora del enfoque, su dependencia de dichos estímulos puede limitar el desarrollo de una introspección más autónoma y sostenida. Además, no suelen generar, al menos de forma consistente, los cambios neurofisiológicos profundos asociados a prácticas meditativas más avanzadas, como las técnicas de mantra, la atención enfocada o la observación abierta.

Por esta razón, las prácticas sugestivas pueden considerarse un valioso punto de partida para quienes se inician en la meditación, sirviendo como antesala hacia metodologías más profundas, como la meditación avanzada, cuyo propósito es trascender el ego y conectar directamente con la conciencia pura.

Un aspecto fundamental de la práctica meditativa es la regularidad. Es a través de la constancia, incluso en sesiones breves, que la meditación revela su verdadero potencial. No se trata de perfección, sino de consistencia. En el compromiso diario reside el auténtico poder transformador de la meditación.

Impacto científico y neuroanatómico

Desde una perspectiva general, numerosos estudios neurocientíficos han evidenciado los cambios significativos que la práctica regular de la meditación puede inducir en el cerebro, tanto a nivel estructural como funcional. A continuación, se detallan algunos de los efectos más relevantes:

1) **Incremento del volumen cerebral:** Después de ocho semanas de práctica regular, se han detectado aumentos en regiones clave como:
   - **Cíngulo posterior.** Su actividad se reduce con la meditación, lo que disminuye la ensoñación y el egocentrismo.
   - **Hipocampo izquierdo:** Vinculado con la memoria y la regulación emocional.
   - **Unión temporo-parietal (TPJ):** Asociada con la empatía y la compasión.
   - **Amígdala:** Su disminución funcional se asocia con una menor reactividad emocional, reducción del estrés y de la ansiedad.

2) **Modulación de la actividad cerebral**
   - **Reducción de emociones negativas** como la ira, el miedo y la tristeza.
   - **Incremento de emociones positivas** como la alegría, la serenidad y la empatía.
3) **Mejora de las funciones ejecutivas**
   - La meditación fortalece procesos como la autorregulación emocional, la capacidad de atención sostenida y la mejora en la toma de decisiones.

Beneficios objetivos de la meditación (físicos, mentales y sociales)

La meditación no debe considerarse una terapia en sí misma, aunque su práctica regular ha demostrado ser un complemento valioso para potenciar el bienestar integral: mental, físico y social. La comunidad científica reconoce su eficacia en la gestión del estrés, la reducción de la ansiedad y la mejora de funciones cognitivas clave como la atención, la concentración y la memoria. Además, fortalece habilidades esenciales como la tolerancia, la paciencia y la escucha activa, promoviendo un estado profundo de paz interior y una mejor relación con el entorno.

La evaluación de sus beneficios se realiza mediante estas dos metodologías:

1) **Seguimiento de las mejoras percibidas por los participantes** en su potencial mental, salud y relación con el entorno a lo largo de programas de formación con una duración de dos meses.

2) **Monitorización cerebral mediante EEG:** uso de electroencefalografía para registrar la actividad cerebral tanto durante la práctica meditativa como en estado de reposo, con el objetivo de analizar el impacto funcional de la meditación en el cerebro.

Los datos recopilados durante más de una década de observación ofrecen una visión clara y objetiva de los principales beneficios reportados por los participantes al finalizar el programa. Los valores promedio, obtenidos a partir de una muestra representativa, reflejan mejoras significativas no solo en la salud, sino también en el bienestar mental y en la calidad de las relaciones interpersonales.

La mejora general experimentada a corto plazo con la meditación avanzada alcanza un promedio del **51 %**, con la salud como el área de mayor incremento, registrando un **63 %**. Las dimensiones mental y relacional, centrada esta en el comportamiento social y la calidad de vida, también muestran avances significativos, con un **45 %** de mejora en ambos casos. Estos resultados son notables si se considera que se trata de promedios generales, lo cual indica que muchas personas experimenten progresos aún mayores.

> Un indicador especialmente relevante es la mejora significativa en la sensación de paz interior, acompañada por un aumento en la percepción de felicidad.

En términos generales, los beneficios más significativos de la práctica de la meditación incluyen la reducción del estrés y la fatiga, la disminución de la angustia y los miedos, una mayor relajación, un descanso nocturno más profundo y la recuperación de los niveles óptimos de energía personal. En concreto, los valores más destacados son la mejora del insomnio (77 %), la paz interior (74 %), la concentración (62 %), la memoria (49 %) y la gestión de escenarios cotidianos (42 %).

Otro aspecto clave es la mejora en la gestión de las respuestas emocionales, lo que contribuye a fortalecer la resiliencia frente a los desafíos de la vida. En este caso, los cambios más importantes se dan en el aumento de la capacidad para liberar estrés y fatiga (102 %), la liberación de angustia y miedos (97 %), la relajación (84 %), el sentimiento de descanso nocturno (76 %), el nivel de energía tanto física como mental (64 %) y la mejor gestión de las emociones y de las vivencias emocionales (63 %).

En cuanto a la relación con el entorno, las principales mejoras derivadas de la práctica de la meditación avanzada se concentran en la gestión del tiempo (63 %), una mayor perspectiva frente a los escenarios cotidianos (59 %), la gestión de la conflictividad (58 %), la autoconfianza (51 %), la paciencia —la actitud para saber esperar y superar contratiempos— (50 %) y la toma de decisiones personales (49 %).

Neurofisiología de la meditación: el origen del cambio

La meditación transforma el cerebro. Aunque este cambio puede parecer sutil al principio, resulta profundamente significativo y duradero.

El registro del EEG antes, durante y después de la meditación evidencia una modulación significativa de la actividad cerebral.

La práctica de la meditación avanzada, inspirada en la tradición del *Rāja yoga* o *Aṣṭāṅga yoga*, induce un estado de silencio profundo y trascendencia de la actividad mental ordinaria, facilitada por el uso sistemático de un mantra.

Cambios funcionales en el cerebro durante la meditación

Durante la meditación avanzada, diversos estudios han identificado patrones específicos en la actividad cerebral, reflejados en la dinámica de las ondas cerebrales. Se produce una respuesta inmediata:

- **Ondas alfa** (8-12 Hz): Registran un aumento notable.
- **Ondas beta:** Se observa una disminución significativa, especialmente en sus frecuencias medias y altas (12-30 Hz).
- **Ondas gamma** (30-100 Hz): Experimentan una modulación significativa. En los estados de silencio profundo característicos de esta práctica, disminuyen en ciertas regiones del cerebro. En estados elevados de conciencia y alta integración cognitiva, como los alcanzados en las técnicas avanzadas de los *siddhis*, las ondas gamma pueden incrementarse.

La potencia relativa de cada banda de frecuencia se calcula comparando su valor absoluto con la suma de las potencias absolutas de todas las bandas. Este enfoque proporciona una visión clara de cómo el cerebro organiza sus recursos en un momento dado, ofreciendo una representación proporcional del estado cerebral, con valores que oscilan entre 0 y 1.

Basta con apenas veinte minutos de meditación avanzada para que sus efectos sean detectables en el análisis de las ondas cerebrales mediante EEG. En un primer caso que estudiamos, se observó un incremento sostenido y significativo de la actividad en la banda alfa a lo largo de toda la práctica.

En otro registro, también se observó un aumento en la potencia relativa de las ondas alfa, acompañado de una disminución progresiva de la ondas beta y gamma poco después del inicio de la meditación avanzada.

En ambos casos, la modulación de la actividad cerebral registrada por el EEG durante la meditación avanzada fue indudable.

Coherencia cerebral: armonía en la actividad neuronal

La meditación avanzada nos invita a experimentar una serenidad profunda mientras transforma la actividad cerebral y favorece el estado de **coherencia cerebral**.

Este fenómeno se define como una conexión sincronizada y armoniosa entre distintas regiones del cerebro, que facilita un flujo eficiente de información y optimiza el rendimiento mental. La práctica meditativa actúa como un modulador que afina esta conectividad funcional.

Al analizar distintos gráficos de coherencia antes y durante estados avanzados de meditación, se observa la transición de una vigilia activa (con los ojos abiertos) hacia una condición de interiorización (con los ojos cerrados), acompañada de una evolución clara en dos bandas de frecuencia clave: **alfa** y **theta**.

En el paso del estado de vigilia al estado meditativo profundo, se produce un cambio evidente. Antes de iniciar la meditación, el patrón de ondas cerebrales suele ser disperso y fluctuante, reflejo de una actividad mental acelerada. Sin embargo, al cerrar los ojos e iniciar la práctica, comienza a establecerse una sincronización inmediata de la actividad neuronal.

A medida que la meditación avanza, las ondas **alfa** y **theta** tienden a estabilizar su patrón de sincronización, lo que indica una optimización progresiva en la comunicación interna del cerebro. Durante el período meditativo, esta coherencia neuronal resulta especialmente notable, sugiriendo que la meditación facilita un estado mental más equilibrado, ordenado y funcional.

Análisis de la evolución de la coherencia en meditadores experimentados

Al analizar los gráficos que muestran cómo responde el cerebro de distintos sujetos durante la práctica de meditación avanzada, se observa en todos los casos un incremento consistente en la **coherencia de las ondas alfa y theta**, lo que indica una transición efectiva hacia un estado de mayor estabilidad mental y equilibrio emocional. La sincronización sostenida entre estas dos bandas permite un acceso más profundo a estados de **conciencia trascendental.**

En paralelo, se registra una **reducción significativa en las ondas beta y gamma**, lo que refuerza el efecto de relajación y sugiere una disminución de la hiperactividad cognitiva. Este cambio favorece una percepción más clara, mayor introspección y una regulación emocional más eficiente.

Otro efecto relevante es el aumento de la **sincronización interhemisférica**, mediante la cual ambos hemisferios cerebrales operan de forma más integrada y armónica. Esta reorganización funcional mejora la comunicación entre los procesos cognitivos y emocionales.

En este mecanismo, el **cuerpo calloso** —la principal estructura que conecta ambos hemisferios— desempeña un papel esencial, actuando como puente de integración funcional entre distintas regiones cerebrales.

Meditar nos lleva a nuestra mejor versión

La meditación nos conduce hacia los valores fundamentales que sustentan una vida plena: el orden natural, la armonía, la alegría, la empatía, la gratitud y la generosidad. Junto a ellos, florecen la justicia, la responsabilidad, la paciencia, la sabiduría, la tolerancia y la integridad. Estos valores, emergidos desde las profundidades de nuestro Ser, transforman nuestra mente consciente y orientan nuestras acciones. En este proceso, cultivamos el esfuerzo sincero, descubrimos la verdadera felicidad y abrimos la puerta a la experiencia de la trascendencia.

La meditación nos centra en el ahora, porque solo en el presente podemos abordar nuestras tareas y propósitos de vida.

Meditamos para disolver el ruido, liberar la toxicidad acumulada y silenciar la mente. En ese silencio interior emerge nuestra mejor versión: aquella capaz de comprender el sentido profundo de la existencia, trascender el ego y conectar con la Supraconciencia.

Conclusiones

Las experiencias cercanas a la muerte (ECM) son un fenómeno frecuente y presente a lo largo de la historia de la humanidad.

Se definen, en palabras de Bruce Greyson, como una vivencia subjetiva profunda con un componente trascendente que se presenta en pacientes en situación próxima a la muerte con sensación de salida del cuerpo y que trasciende el espacio, el tiempo y el ego.

El estudio de las ECM con el método científico cartesiano y newtoniano, que se fundamenta en una ontología materialista, define las experiencias cercanas a la muerte como alucinaciones.

Sin embargo, los factores desencadenantes y la clínica de las alucinaciones son muy distintos a las ECM. Además, hay una serie de fenómenos en las ECM que no tienen justificación con el método científico: la transferencia de información independiente del espacio y del tiempo, la facilidad que presentan los pacientes para atravesar estructuras sólidas, el hecho de que la resonancia magnética funcional nos evidencia que los objetos que el paciente observa durante la ECM condicionan memoria en las neuronas espejo del lóbulo occipital (confirmando que el paciente no miente, realmente vio el objeto) y el de descubrir durante la ECM aspectos ciertos de su vida que nunca antes habían conocido.

Es evidente que el método científico no nos permite definir la fisiopatología, el mecanismo íntimo de producción, de las ECM.

La física cuántica, que estudia el mundo microscópico de las partículas subatómicas, demuestra que el elemento estructural básico del universo no es la materia, sino la energía.

Los fenómenos trascendentes de las experiencias cercanas a la muerte nos recuerdan algunos aspectos de la mecánica cuántica, con los que existen analogías y paralelismos.

Hoy tenemos pruebas científicas que justifican la intervención de la mecánica cuántica en el ser vivo. Es la nueva disciplina, la biología cuántica.

Podemos definir estructuralmente al ser humano como cuerpo, que es energía de baja frecuencia, energía colapsada en materia; mente, que es energía de alta frecuencia que se manifiesta como onda; y hay que aceptar la existencia de una energía sutil, de alta frecuencia, toda energía es información, que podemos definir como Supraconciencia.

La Supraconciencia es nuestra auténtica identidad, la que nos hace únicos e irrepetibles y es holística respecto a la Conciencia Primera, con sus mismas propiedades: la omnipresencia, la omnisciencia y la omnipotencia. Es la que tiene la capacidad de colapsar la energía en materia.

Tenemos pruebas que nos permiten afirmar que la muerte física no es el fin de nuestra existencia. Después de esta, nuestra vida continúa en otra dimensión energética.

Hemos de aceptar que el método científico fundamentado en una ontología materialista con un intelectualismo dominante se complementa con un idealismo trascendente. Esta unión es posible gracias a la física cuántica.

El método científico, el que impera en nuestra sociedad, se mueve en el ámbito empírico, donde el razonamiento no conduce necesariamente a la verdad, a una conclusión exacta. Las ciencias de la naturaleza están en el empirismo, donde no hay pruebas absolutas.

Con esta nueva concepción existencial hemos de afrontar la muerte con una nueva perspectiva; tiene que dejar de ser un tema incómodo, un tabú, y hemos de perder el miedo. Dejar de pensar en la muerte con terror, ansiedad y que condiciona un profundo vacío que no podemos llenar con nada. Nos han enseñado a temer la muerte desde niños, nos dicen que es un castigo y el fin de todo lo que conocemos.

La muerte no es enemiga de la vida, sino que forma parte de ella. Al nacer, comenzamos a morir. La vida debe ser una preparación de la muerte. El miedo a la muerte nos aleja de nuestra realidad existencial, la eternidad. Con la muerte volvemos a nuestro origen. La muerte no es oscuridad, negación y vacío, sino liberación y despertar.

La muerte no es lo opuesto a la vida, sino que forma parte de ella. Dejamos de jugar al espacio y el tiempo. Al descubrir nuestra realidad existencial, la Supraconciencia, desaparece la dualidad primera y más profunda, vida-muerte, y secundariamente todas las demás. Alcanzamos la libertad absoluta sin las limitaciones del cuerpo. Descubrimos la verdad más grande y absoluta.

No se puede disfrutar, amar la vida y ser feliz si vemos la muerte como enemiga.

Tener conciencia del tiempo de la vida corta se debe al miedo a la muerte. Nuestra vida está condicionada por el tiempo, que es una ilusión que nos hemos creado.

Cuando se acepta la muerte como parte de la vida, se pierde el miedo al tiempo y se puede disfrutar del presente. Es cuando se considera la vida como un milagro, un regalo y se observa la presencia de la divinidad en cada objeto.

Si amamos la vida, desaparece el miedo a la muerte. Hemos de ver la vida como una polaridad con dos extremos: nacimiento y muerte.

Con la muerte se vuelve al reposo. No es una pérdida. Todo se mueve en círculo.

La muerte supone el fin del ego y de la conciencia local.

Hemos de distinguir los conceptos de conciencia local, alma y Supraconciencia o espíritu.

Definimos la conciencia como el conocimiento de nuestra existencia, de nuestros pensamientos y de nuestros actos. La conciencia local o neuronal tiene su origen en la materia, en la actividad metabólica neuronal; es, por tanto, de origen material y su identidad viene definida por el ego.

En el otro extremo está la Supraconciencia o espíritu, nuestra auténtica identidad, holística con la Conciencia Primera y, por tanto, con sus mismas propiedades: omnipresencia, omnisciencia y omnipotencia.

En medio, existe el alma que conecta la Supraconciencia con la conciencia local. Es nuestra historia y corresponde al subconsciente, como lo llamó el neurólogo Sigmund Freud. El alma aporta las experiencias adquiridas durante nuestra vida en la dimensión humana. Es nuestra historia y se define por la ley causa-efecto.

Se muere como se vive. Perdemos el miedo a la muerte cuando tenemos la seguridad de que nuestra existencia real es eterna, al descubrir la Supraconciencia.

El ego condiciona una afección al cuerpo tan intensa que preferimos continuar con el cuerpo, que contiene nuestra historia y nos define, aunque esté enfermo e imposibilitado. Es miedo a lo desconocido. La muerte nos libera de las cargas de la vida, dolores, enfermedades y dificultades, y nos proporciona paz y armonía. Se libera también con la muerte el miedo a una vida plena, que nos limita en nuestra evolución.

El ego se aferra a lo real y objetivo y teme lo desconocido. Se resiste con todas sus fuerzas al cambio. Hemos de dejar de identificarnos con lo que puede desaparecer, nuestra historia, familiares, amigos, bienes materiales, incluso nuestras ideas; lo que permanece es indestructible, la Supraconciencia, nuestra esencia real y eterna.

La muerte es la disolución de todas las etiquetas que nos definen, de nuestra historia, y lo que queda es lo que siempre hemos sido realmente y que hemos mantenido en la oscuridad: nuestra Supraconciencia.

Podemos comparar el miedo a la muerte con el miedo a la oscuridad.

El miedo a la muerte es debido básicamente al factor psicológico de la afección egoísta al cuerpo y no al sufrimiento fisiológico. Pensamos que el cuerpo es nuestra realidad, cuando es solo un traje, una funda, un estuche que usamos durante un tiempo muy finito, que podemos objetivar con la involución senil, que supone un deterioro progresivo de todo el cuerpo y que no podemos controlar, hasta llegar a la incompatibilidad con la vida.

El cuerpo es como una cárcel, pero necesario para evolucionar.

¿Por qué aferrarse tanto a algo tan efímero que no podemos controlar? No es nuestra realidad existencial. Nuestra vida humana es como una pesadilla.

Para perder el miedo a la muerte, hay que vivir en el mundo sin pertenecer a él. Hay que actuar en el escenario del mundo sin que nos afecte el papel que nos ha tocado interpretar. Al dejar de vivir sin el miedo, la vida adquiere una claridad, un propósito que jamás habíamos conocido. Abrazamos la vida.

Podemos empezar a vivir al despertar en la realidad absoluta de nuestra existencia en este mismo momento. La clave está en cambiar nuestra relación con el tiempo, el espacio y el cuerpo. Hay que aceptar y no resistir. Aceptar no quiere decir rendirse, sino saber que algo más grande te está esperando.

Cuando nacemos, todos sonríen de alegría y el niño llora. Con la muerte, todos lloran y el moribundo entra en paz y gozo al contactar con la Supraconciencia.

Cada uno viene a cumplir una función especial en un determinado periodo de tiempo en el universo, sin saber el tiempo físico que tenemos.

La muerte no existe, no es un proceso biológico, sino espiritual. Somos un templo donde Dios ha decidido vivir. Es un despertar a una realidad mucho mayor. Es regresar a casa, a nuestro origen.

La pregunta exacta no es «¿existe la muerte?», sino «¿sabemos exactamente el sentido de la vida?». Cuando descubrimos la realidad de la vida, ya no preguntamos sobre la muerte. Ya no nos podemos engañar más, pensando que nunca moriremos. Hemos de aceptar la enfermedad como una situación natural del cuerpo, no luchemos en contra, aceptemos, pero no olvidemos que es la expresión de situaciones contradictorias que estamos viviendo, pendientes de una solución.

La muerte es un sueño profundo, un descanso después de una vida de lucha. Si hemos contactado con la Supraconciencia, la muerte es un despertar a una situación mucho mejor, con paz, armonía y gozo. Termina el confinamiento en el cuerpo con sufrimientos.

La muerte es una maestra que nos enseña a vivir plenamente en el aquí y ahora. La vida humana es una experiencia, un regalo, una oportunidad que nos permite aprender el arte de soltar, de liberarnos de las ataduras materiales que nos limitan y vivenciar la plenitud.

El cuerpo que dejamos en la muerte es como un saco que nos separa del entorno, del mundo exterior. El límite que nos protege es la piel, que solo permite que pasen estímulos a través de los órganos sensitivos y sensoriales.

La meditación nos prepara para desprendernos del cuerpo. Nos permite salir de la ignorancia y comprender nuestra realidad existencial, que es eterna.

La fórmula para vencer la muerte es elevarse por encima del ego y contactar con la Supraconciencia eterna, que está fuera de la percepción espaciotemporal.

Podemos afirmar que el idealismo metafísico, donde todo el universo está profundamente interconectado, es perfectamente compatible con el materialismo convencional. En el mundo real no hay fronteras, todo él es cuántico, no clásico.[1]

1. El doctor Manuel Sans Segarra presentó las conclusiones recogidas en estas páginas en su discurso de ingreso como académico numerario en la Real Academia Europea de Doctores, en mayo de 202 (*N. del E.*).

Bibliografía

Abell, A. M., *Música e inspiración. Conversaciones con Brahms, Strauss, Puccini, Humperdinck, Bruch y Grieg*, Fragmenta, Barcelona, 2021.

Aizpiri Díaz, J., *El adolescente actual*, ponencia en el XIII Congreso Nacional de Medicina General y de Familia, Granada, 2016; disponible en: <congresos-semg.es/granada2016/images/stories/recursos/doc_complementaria/Foro-de-Actualizacion-Patologia-Emergente-del-preadolescente-Dr-Javier-Aizpiri.pdf>.

Alcock, J., *Parapsychology-Science Or Magic? A Psychological Perspective*, Pergamon Press, Oxford, 1981.

Alexander, E., *La prueba del cielo*, Planeta, Barcelona, 2013.

Allain, M-F., *The Other Man: Conversations with Graham Greene*, Simon & Schuster, Nueva York, 1983.

Aristóteles, *Metafísica*, Austral, Barcelona, 2013.

— *Ética a Nicómaco*, Gredos, Madrid, 2014.

— *Sobre el alma*, Alianza, Madrid, 2023.

Atlas Collaboration & Cms Collaboration, «Observation of a new boson at a mass of 125 GeV», *Physics Letters B.*, 716 (1), 2012, pp. 1-29.

Batthyány, A., *El umbral: El extraño fenómeno de la lucidez terminal, su relación con las experiencias cercanas a la muerte y el misterio de la conciencia humana*, Errata Naturae, Madrid, 2025.

Belpoggi, F., *Current state of knowledge of 5G-related carcinogenic and reproductive/developmental hazards as they emerge from epidemiological studies and in vivo experimental studies*, Panel for the Future of Science and Technology (STOA), Parlamento Europeo, Bruselas, 2021.

Bem, D. J., «Feeling the Future: Experimental Evidence for Anomalous Retroactive Influences on Cognition and Affect», *Journal of Personality and Social Psychology*, 100 (3), 2011, pp. 407-425.

— y Honorton, C., «Does Psi Exist? Replicable Evidence for an Anomalous Process of Information Transfer», *Psychological Bulletin*, 115 (1), 1994, pp. 4-18.

Bentov, I., *A Brief Tour of Higher Consciousness: A Cosmic Book on the Mechanics of Creation*, Destiny Books, Rochester, Vermont, 2000.

Blackburn, E. y Epel, E., *El efecto telómero: Un enfoque revolucionario para vivir más jóvenes, más sanos y más tiempo*, Aguilar, Madrid, 2017.

Bohm, D., *La totalidad y el orden implicado*, Kairós, Barcelona, 2008.

Bohr, N., *Física atómica y conocimiento humano*, Aguilar, Madrid, 1964.

Bolloré, M. Y. y Bonnassies, O., *Dios. La ciencia. Las pruebas*, Funambulista, Madrid, 2023.

Born, M., *The Born–Einstein Letters 1916–1955: Friendship, Politics and Physics in Uncertain Times*, Macmillan, Londres, 1971.

Broughton, R. S., *Parapsychology: Controversial science*, Ballantine Books, Nueva York, 1991.

Bucke, R. M., *Cosmic Consciousness: A Study in the Evolution of the Human Mind*, Citadel Press, Nueva York, 1901.

Capra, F., *El tao de la física*, Sirio, Málaga, 2005.

Cardeña, E., «The experimental evidence for parapsychological phenomena: A review», *American Psychologist*, 73 (5), 2018, pp. 663-677; disponible en: <ttps://doi.org/10.1037/amp0000236>.

Chopra, D., *The Seven Spiritual Laws of Success*, HarperOne, Nueva York, 1994.

Cicerón, M. T., *Pro Plancio*, Palala Press, s. l., 2016

Clopés, J. M., *La meditación: Tu fuente de poder*, Executive Meditation, Barcelona, 2022.

Colell, E., «El sueño premonitorio de una niña lleva siete millones y medio a Sant Boi», *El Periódico de Catalunya*, 22 de diciembre de 2024; disponible en: <https://www.elperiodico.com/es/sociedad/20241222/sueno-premonitorio-nina-lleva-siete-112852220>.

Comte, A., *Principios de filosofía positiva*, Biblioteca Virtual Miguel de Cervantes, Alicante (edición digital de 2012, reproducción de la edición original de Santiago, Imp. Mercurio, 1875).

Daláí Lama y Cutler, H. C., *El arte de la felicidad*, Penguin Random House, Barcelona, 2001.

— *El universo en un solo átomo: Cómo la unión entre ciencia y espiritualidad puede salvar el mundo*, Penguin Random House, Barcelona, 2007.

Darnell, J., Lodish, H. y Baltimore, D., *Biología celular y molecular*, Omega, Barcelona, 1993.

Davidson, R. J. y McEwen, B. S., «Social influences on neuroplasticity: Stress and interventions to promote well-being», *Nature Neuroscience*, 15 (5), 2012, pp. 689-695.

Decety, J. y Lamm, C., «The role of the right temporoparietal junction in social interaction: How low-level computational processes contribute to meta-cognition», *Neuroscientist*, 13 (6), 2007, pp. 580-593.

Dehaene, S., «Cerebral mechanisms of word masking and unconscious repetition priming», *Nature Neuroscience*, 4 (7), 2001, pp. 752-8.

Descartes, R., *El tratado del hombre*, Alianza, Madrid, 1994.

— *Discurso del método*, Alianza, Madrid, 2011.

Diógenes Laercio, *Vidas, opiniones y sentencias de los filósofos más ilustres*, libro I, §36, Maxtor, Valladolid, 2008.

Dunne, J. W., *Un experimento con el tiempo*, Zenith, Barcelona, 2008.

Einstein, A., *Mi visión del mundo*, Tusquets, Barcelona, 1984.

— y Tagore R., «Conversations on the Nature of Reality», *Modern Review*, Calcuta, 1931.

Falk, D. *et al.*, «The cerebral cortex of Albert Einstein: A description and preliminary analysis of unpublished photographs», *Brain*, 136 (4), 2013, pp. 1304-1327.

Fenwick, P. y Brayne, S., «End-of-Life Experiences: Reaching Out for Compassion, Communication, and Connection-meaning of deathbed visions and coincidences», *American Journal of Hospice and Palliative Medicine*, vol. 28, n.º 1, 2011, pp. 7–15.

— y Fenwick, E., *El arte de morir*, Atalanta, Girona, 2015.

Feynman, R., *The Character of Physical Law*, The British Broadcasting Corporation, Londres, 1965.

— *Perfectly Reasonable Deviations from the Beaten Track*, Basic Books, Nueva York, 2005.

Flew, A., *Dios existe: cómo cambió de opinión el ateo más famoso del mundo*, Trotta, Madrid, 2012.

Forbes, E., *Thayer's Life of Beethoven*, Princeton University Press, Princeton (NJ), 1991.

Fox, K. C. R. *et al.*, «Functional neuroanatomy of meditation: A review and meta-analysis of 78 functional neuroimaging investigations», *Neuroscience & Biobehavioral Reviews*, 65, 2016, pp. 208-228.

Frankl, V., *El hombre en busca de sentido*, Herder, Barcelona, 2015.

Fuster, V. y Corbella, J., *La ciencia de la larga vida*, Planeta, Barcelona, 2016.

Gandhi, M. K., «We but mirror the world...», *Indian Opinion*, 9 de agosto de 1913.

Gaona, J. M., *El límite*, La Esfera de los Libros, Madrid, 2015.

Gauguin, P., *Noa Noa*, José J. Olañeta, Palma de Mallorca, 2004.

Gazzaniga, M. S., «Cerebral specialization and interhemispheric communication: Does the corpus callosum enable the human condition?», *Brain*, 123(7), 2000, pp. 1293-1326.

Gebser, J., *Origen y presente*, Atlanta, Girona, 2011.

Gilbert, S. F.; Opitz, J. M.; Raff, R. A., «Resynthesizing evolutionary and developmental biology», *Developmental Biology*, 173 (2), 1996, pp. 357-372.

Goleman, D. y Davidson, R. J., *Los beneficios de la meditación: La ciencia demuestra cómo la meditación cambia la mente, el cerebro y el cuerpo*, Kairós, Barcelona, 2017.

Goswami, A., *The Self-Aware Universe: How Consciousness Creates the Material World*, TarcherPerigee, Los Ángeles, 1995.

— *La física del alma*, Obelisco, Barcelona, 2008.

— *La ventana del visionario*, La Esfera de los Libros, Madrid, 2008.

— *Evolución creativa*, La Esfera de los Libros, Madrid, 2009.

— *El libro que lo responde todo*, Obelisco, Barcelona, 2018.

Grau, C. *et al.*, «Conscious Brain-to-Brain Communication in Humans Using Non-Invasive Technologies», *PLoS ONE*, 9 (8), 2014, e105225.

Greyson, B., «The Near-Death Experience Scale. Construction, reliability, and validity», *J Nerv Ment Dis*, 171 (6), 1983, pp. 369-375.

— «Dissociation in people who have near-death experiences: out of their bodies or out of their minds?», *The Lancet*, 355, 2000, 460-463.

Grinberg-Zylberbaum, J., *et al.*, «The Einstein-Podolsky-Rosen Paradox in the Brain: The Transferred Potential», *Physics Essays*, 7 (4), 1994.

Gulliksen, H., «Extra-Sensory Perception: What Is It?», *American Journal of Sociology*, 43 (4), 1938, pp. 623-634.

HAGELIN, J. S., «Is Consciousness the Unified Field? A Field Theorist's Perspective», *Modern Science and Vedic Science*, 1(1), 1987, pp. 29-87.

HALPERIN, J. y Takahashi, D., *Un viaje al infinito*, Netflix, Estados Unidos, 2022.

HAMEROFF, S. R., *Ultimate Computing: Biomolecular Consciousness and Nanotechnology*, North-Holland, Ámsterdam, 1987.

— y PENROSE, R., «Consciousness in the universe: a review of the "Orch OR" theory», *Phys Life Rev*, 11 (1), 2014, pp. 39-78.

HAN, B. C., *El espíritu de la esperanza*, Herder, Barcelona, 2024.

HAWKING, S. *El ojo del yo*, Obelisco, Barcelona, 2006.

— *El gran diseño*, Crítica, Barcelona, 2010.

— *El universo es una cáscara de nuez*, Crítica, Barcelona, 2011.

HEGEL, G. W. F., *Fenomenología del espíritu*, Abada, Madrid, 2010.

HEISENBERG, W., *Más allá de la física. Atravesando fronteras*, Biblioteca de Autores Cristianos, Madrid, 1974.

HOFFMANN, P., «Über die Beziehungen der Sehnenreflexe zur willkürlichen Bewegung und zum Tonus», *European Archives of Psychiatry and Clinical Neuroscience*, 7 (3), 1918, pp. 249-254.

HUGO, V., *Los miserables*, Penguin Clásicos, Barcelona, 2015.

INGLIS, B., *The Paranormal: An Encyclopedia of Psychic Phenomena*, Paladin/Grafton, Londres, 1986.

ISAACSON, W., *Einstein: Su vida y su universo*, Debate, Barcelona, 2023.

ISÓCRATES, *Discursos*, Gredos, Madrid, 2002.

IYENGAR, B. K. S., *Light on the Yoga Sutras of Patanjali*, HarperCollins, Londres, 2002.

JAMES, W., *Variedades de la experiencia religiosa*, Trotta, Madrid, 2017.

JAMMER, M., *Einstein and Religion: Physics and Theology*, Princeton University Press, Princeton (NJ), 2002.

JEANS, J., *The Mysterious Universe*, Cambridge University Press, Cambridge, 2009.

Jodorowsky, A., *Psicomagia*, Siruela, Madrid, 2004.

Josephson, B., «Pioneer of the paranormal», *Physics World*, mayo de 2002, pp. 10-11. Reimpreso con permiso en la página personal de Brian D. Josephson, University of Cambridge.

Jung, C. G., *Simbología del espíritu*, Fondo de Cultura Económica, México, 1994.

— *Acerca de la psicología de la religion occidental y de la religión oriental*, vol. 11 de la *Obra completa*, Trotta, Madrid, 2016.

— *Recuerdos, sueños, pensamientos*, Seix Barral, Barcelona, 2021

— *Tipos psicológicos*, vol. 6 de la *Obra completa*, Trotta, Madrid, 2024.

Kabat-Zinn, J., *Full Catastrophe Living: Using the Wisdom of Your Body and Mind to Face Stress, Pain, and Illness*, Bantam Books, Nueva York, 2013.

Kaku, M., *El futuro de nuestra mente*, Debate, Barcelona, 2014.

Kant, I., *Crítica de la razón pura*, Taurus, Madrid, 2013.

Kardec, A., *El Génesis: Los milagros y las profecías según el espiritismo*, Amelia Boudet de Skide, Barcelona, 1990.

— *El libro de los médiums*, Oikos-Tau, Barcelona, 1991.

— *El libro de los espíritus*, Plutón, Barcelona, 2022.

Kennedy, M., *Richard Strauss: Man, Musician, Enigma*, Cambridge University Press, Cambridge, 2006.

Kerr, C., *Los sueños de los moribundos. El encuentro con el sentido y la esperanza al final de la vida*, Gaia, Madrid, 2021.

Krippner, S., «Dreams and Other Altered Conscious States», *Journal of Communication*, 25 (1), 1975, pp. 173-182.

Kübler-Ross, E., *Sobre la muerte y los moribundos. Alivio del sufrimiento psicológico*, Random House Mondadori, Barcelona, 2010.

— y Kessler, D., *Lecciones de vida*, Grup Editorial 62, Barcelona, 2008.

Lambert, G. W., «A Critical Survey of Paranormal Precognition Studies», *Journal of the Society for Psychical Research*, 58 (828), 1992, pp. 3-28.

Lanza, R., *Biocentrismo: la vida y la conciencia como claves para comprender la naturaleza del universo*, Sirio, Málaga, 2012.

Laszlo, E., *Science and the Akashic Field: An Integral Theory of Everything*, Inner Traditions, 2004.

Lazar, S. W. *et al.*, «Meditation experience is associated with increased cortical thickness», *NeuroReport*, 16 (17), 2005, pp. 1893-1897.

Lerma, J., *Into The Light*, Weiser, Newburyport (MA), 2007.

Lomas, T. *et al.*, «A systematic review of the neurophysiology of mindfulness on EEG oscillations», *Neuroscience & Biobehavioral Reviews*, 57, 2015, pp. 401-410.

Long, J. P., y Perry, P., *Evidence of the Afterlife: The Science of Near-Death Experiences*, HarperOne, Nueva York, 2010.

Lovelock, J., *La hipótesis Gaia*, Gaia, Madrid, 2024.

Luders, E. *et al.*, «Positive correlations between corpus callosum thickness and intelligence», *NeuroImage*, 37 (4), 2007, pp. 1457-1464.

Lutz, A. *et al.*, «Long-term meditators self-induce high-amplitude gamma synchrony during mental practice», *Proceedings of the National Academy of Sciences*, 101 (46), 2004, pp. 16369-16373.

Maharishi Mahesh Yogi, *The Science of Being and Art of Living*, International SRM Publications, Londres, 1963.

Marco Aurelio, *Meditaciones*, Gredos, Madrid, 2014.

Maslow, A., *Motivation and Personality*, Harper & Brothers, Nueva York, 1954.

Moody, R. A. *Vida después de la vida*, EDAF, Madrid, 1975.

— *Más sobre vida después de la vida*, EDAF, Madrid, 1995.

— *Glimpses of Eternity: Sharing a Loved One's Passage from This Life to the Next*, Guideposts, Nueva York, 2010.

Moreno Restrepo, J. R., *Somos polvo de estrellas. La muerte es una ilusión*, Libros para Pensar, Bogotá, 2024.

Morse, M., *Transfigurados por la luz: el poderoso efecto de las experiencias cercanas a la muerte sobre nuestras vidas*, Diana, México D. F., 1996.

Muldoon, S., *Psychic Experiences of Famous People*, Kessinger Publishing, Montana, 2007.

Myers, F. W. H., «On a Telepathic Explanation of Some So-Called Spiritualistic Phenomena», *Proceedings of the Society for Psychical Research*, 1 (1), 1882, pp. 29-87.

Navarro Faus, J., *El principio de incertidumbre de Heisenberg*, National Geographic, Madrid, 2017.

Newberg, A. y D'Aquili, E., *Why God Won't Go Away: Brain Science and the Biology of Belief*, Ballantine Books, Nueva York, 2001.

Nietzsche, F., *Así habló Zarathustra*, Austral, Barcelona, 2017.

Odling-Smee, L., «The lab that asked the wrong questions», *Nature*, 446(7131), 2007, pp. 10-11.

Otto, R., *The idea of the holy: An inquiry into the non-rational factor in the idea of the divine and its relation to the rational*, Oxford University Press, Nueva York, 1923.

Parménides, *El origen de las cosas: Fragmentos*, Gredos, Madrid, 2011.

Parnia, S. *et al.*, «AWARE, Awareness during resuscitation. A prospective study», *Resuscitation*, 85 (12), 2014, pp. 1799-1805.

Penfield, W., *El misterio de la mente: estudio critico de la conciencia y del cerebro humano*, Pirámide, Madrid, 1977.

Penrose, R., *Las sombras de la mente*, Crítica, Barcelona, 1994.

— *El camino a la realidad. Una guía completa de las leyes del universo*, Debate, Barcelona, 2004.

— *La nueva mente del emperador*, DeBolsillo, Barcelona, 2006.

Persinger, M. A., *Neuropsychological Bases of God Beliefs*, Praeger, Nueva York, 1996.

Planck, M., *The Origin And Development Of The Quantum Theory*, Sothis Press, Londres, 2023.

PLATÓN, *La República*, Austral, Barcelona, 2011.
— «Fedón», en *Diálogos*, vol. III, Gredos, Madrid, 2020.
PRIESTLEY, J. B., *El hombre y el tiempo*, Aguilar, Madrid, 1966.
PUNSET, E., *El alma está en el cerebro*, Santillana, Madrid, 2006.
RAMÓN Y CAJAL, S., *Reglas y consejos sobre investigación científica: tónicos de la voluntad*, Austral, Barcelona, 2011.
RHINE, J. B., *Extra-Sensory Perception*, Bruce Humphries, Boston, 1934.
ROSENBLUM, B. y KUTTNER, F., *El enigma cuántico*, Tusquets, Barcelona, 2010.
RYBACK, D., *Dreams That Came True*, Bantam Doubleday Dell, Nueva York, 1988.
SABOM, M., *Light and Death: One Doctor's Fascinating Account of Near-Death Experiences*, Zondervan, Grand Rapids, 1998.
SANS SEGARRA, M. y CEBRIÁN, J. C., *La Supraconciencia existe. Vida después de la vida*, Planeta, Barcelona, 2024.
SARTORI, P., *The Wisdom of Near-Death Experiences: How Understanding NDE Can Help Us Live More Fully*, Watkins, Londres, 2014.
SCHOPENHAUER, A., *El mundo como voluntad y representación*, Akal, Madrid, 2005.
— *Mente y materia*, Tusquets, Barcelona, 2016.
— *Dialéctica erística*, Trotta, Madrid, 2023.
SCHRÖDINGER, E., *¿Qué es la vida?*, Tusquets, Barcelona, 1993.
SELBIE, J., *La física de Dios*, Sirio, Málaga, 2019.
SHELDRAKE, R., *A New Science of Life: The Hypothesis of Formative Causation*, J. P. Tarcher, Los Ángeles, 1981.
SIFTON, E., *The Serenity Prayer: Faith and Politics in Times of Peace and War*, W. W. Norton & Company, Nueva York, 2005.
SILBERSTEIN, R. y BIGELOW, F., «Brain functional connectivity correlates of anomalous interaction between sensorily isolated monozygotic twins», *Frontiers in Human Neuroscience*, 18, 2024.

SPINOZA, B., *Ética*, Alianza, Madrid, 2011.

STAPP, H. P., *Mind, Matter, and Quantum Mechanics*, Springer, Berlín, 2004.

STENGER, V. J., *Physics and Psychics: The Search for a World Beyond the Senses*, Prometheus Books, Buffalo, 1990.

SWAMI VIVEKANANDA (Viveka Vani), Brihadaranyaka Upanishad 1.4.10; disponible en: <vivekavani.com/bru1c4v10>.

TALBOT, M., *El universo holográfico*, La Esfera de los Libros, Madrid, 2007.

TAREN, A. A. *et al.*, «Dispositional mindfulness co-varies with smaller amygdala and caudate volumes in community adults», *PLoS ONE*, 8 (5), 2013, e64574.

TEILHARD DE CHARDIN, P., *El fenómeno humano*, Taurus, Madrid, 1986.

TOLLE, E., *El poder del ahora. Una guía para la iluminación espiritual*, Gaia, Madrid, 1997.

— *Un nuevo mundo ahora. Encuentra el propósito de tu vida*, DeBolsillo, Barcelona, 2007.

TOMÁS DE AQUINO, *Summa Theologiae*, vol. 1, Prima Pars, Q. 75-76, Cambridge University Press, Cambridge, 2006.

TONONI, G., «An information integration theory of consciousness», *BMC Neuroscience*, 5 (42), 2004.

TRAVIS, F. y WALLACE, R. K., «Autonomic and EEG patterns during eyes-closed rest and Transcendental Meditation (TM) practice: The basis for a neural model of TM practice», *Consciousness and Cognition*, 8 (3), 1999, pp. 302-318.

— y PEARSON, C., «Pure consciousness: Distinct phenomenological and physiological correlates of "consciousness itself"», *The International Journal of Neuroscience*, 2000, 100 (1-4), pp. 77-89.

— y SHEAR, J., «Focused attention, open monitoring and automatic self-transcending: Categories to organize meditations from Vedic, Buddhist and Chinese traditions», *Consciousness and Cognition*, 19 (4), 2010, pp. 1110-1118.

Van Lommel, P., *Consciencia. Más allá de la vida*, Atalanta, Girona, 2015.
— *et al.*, «Near-death experience in survivors of cardiac arrest: a prospective study in the Netherlands», *The Lancet*, 358 (9298), 2001, pp. 2039-2045.
Vigne, P., *¡Cierto! Hay vida más allá de la muerte*, De Vecchi, Barcelona, 1994.
Von Neumann, J. *Mathematical Foundations of Quantum Mechanics*, Princeton University Press, Princeton (NJ), 2018.
Wackermann, J.; Walach, H.; *et al.*, «Correlations between brain electrical activities of two spatially separated human subjects», *Neuroscience Letters*, 336 (1), 2003, pp. 60-4.
Watts, A. W., *The Way of Zen*, Vintage Books, Nueva York, 1961.
Weiss, B. L., *A través del tiempo*, Ediciones B, Barcelona, 1997.
Wigner, E. P., «Remarks on the Mind-Body Question», en Mehra, Jagdish (ed.), *Philosophical Reflections and Syntheses*, The Collected Works of Eugene Paul Wigner, vol. B/6, Springer, Berlín-Heidelberg, 1995, pp. 247-260.
Wilber, K., *The Spectrum of Consciousness*, Quest Books, Wheaton, 1977.
— *Vida después de la muerte*, Kairós, Barcelona, 1993.
— *La conciencia sin fronteras*, Kairós, Barcelona, 2011.
— *Cuestiones cuánticas*, Kairós, Barcelona, 2017.
Wynn, C. M. y Wiggins, A. W., *Quantum Leaps in the Wrong Direction: Where Real Science Ends... and Pseudoscience Begins*, Oxford University Press, Nueva York, 2001.
Yogananda, P., *Autobiografía de un yogui*, Paidós, Barcelona, 2023.
— Taittiriya Upanishad 3.6.1; disponible en: <yogananda.com.au/upa/Taittiriya_Upanishad.html>.